全彩
图解

儿童心理健康促进游戏

潘莹 /著

人民邮电出版社

北 京

图书在版编目（CIP）数据

全彩图解儿童心理健康促进游戏 / 潘莹著 . -- 北京：
人民邮电出版社，2025. -- ISBN 978-7-115-66939-1

Ⅰ . G444-64

中国国家版本馆 CIP 数据核字第 20257GG515 号

内 容 提 要

　　3～12 岁儿童常见的心理困扰涉及六大方面，分别是与父母缺乏交流与沟通、容易恐惧
及缺乏勇气、容易紧张和焦虑、容易愤怒和有攻击性、陷入沮丧和抑郁、失去朋友 / 亲人 / 宠
物后遭受心理创伤。这些心理困扰可能导致亲子关系紧张，让孩子变得敏感，出现缺乏自信、
学习成绩差、缺乏自制力、脾气暴躁、厌学、郁郁寡欢等情形。

　　本书作者结合自己从教 30 年间帮助小学生改善心理问题的丰富经验，深入剖析了这些心
理困扰产生的原因，并给出了针对这些心理困扰的 90 个心理健康促进游戏。

　　这些游戏科学有效，简单有趣。父母和孩子经常玩一玩这些游戏，可以使家庭关系更为
和谐，有助于孩子拥有更加健康、积极、稳定的心理状态。

◆ 著　　　　　潘　莹
　　责任编辑　　王朝辉
　　责任印制　　陈　犇

◆ 人民邮电出版社出版发行　　　北京市丰台区成寿寺路 11 号
　　邮编 100164　　电子邮件　315@ptpress.com.cn
　　网址 https://www.ptpress.com.cn
　　雅迪云印（天津）科技有限公司印刷

◆ 开本：720×960 1/16
　　印张：16　　　　　　　　　　2025 年 7 月第 1 版
　　字数：215 千字　　　　　　　2025 年 7 月天津第 1 次印刷

定价：69.80 元

读者服务热线：(010)81055410 印装质量热线：(010)81055316
反盗版热线：(010)81055315

提示

使用本书前，如果您对本书的内容或使用方式有疑惑，请咨询专业的心理治疗师或心理医生。

本书中的心理健康促进游戏只适用于心理健康或是产生初期心理困扰的孩子，不能用于替代心理咨询和心理治疗。

如果经儿童心理健康评估机构测评，您的孩子心理困扰程度较重，甚至已经达到障碍的程度，务必不要擅自使用本书，请寻求专业医生介入治疗，以免错过孩子的最佳疗愈期。

请一定仔细阅读书中的"注意事项"，严格按照书中建议进行游戏。

前言
foreword

不知不觉中，我已经走上讲台 30 年，教过 3000 多个孩子了。我无法记住所有孩子的全部细节，但是有些孩子的点点滴滴一直铭记于心，尤其是那些长大以后误入歧途、伤人伤己，甚至非正常死亡的孩子。每念及此，我总是郁郁伤情，很想为他们，或者说为像当年的他们一样的孩子再做些什么。

《全彩图解儿童感觉统合与功能性训练游戏》经由人民邮电出版社出版后，我收到了不少有自闭症（autism，又称孤独症）、注意缺陷多动症（ADHD）、对立违抗性障碍（ODD）等心理或神经发育异常的孩子的家长的反馈。他们告诉我，在带着孩子玩某些功能性训练游戏的过程中，发现孩子的心理状态也有所改善。这样的改变让他们意外且惊喜，他们很希望知道，除了书中罗列的关于情绪管理的游戏外，还有没有更多专门针对孩子心理健康问题的功能性游戏。这引发了我的思考。看来，有必要把能够促进儿童心理健康的功能性游戏梳理出来，提供给有需要的家庭。

近年来，由于互联网的普及，儿童和青少年的心理健康问题得到了更多的关注。近几年来，中国科学院心理研究所国民心理健康评估发展中心对全国 3 万多名 10~16 岁的中小学生的抑郁风险进行了几次评测，数据很不乐观。下方为 2020 年和 2022 年的数据。

项目	2020 年	2022 年
抑郁检出率	19.0%	14.8%
轻度抑郁风险比率	13.7%	10.8%
重度抑郁风险比率	5.3%	4.0%

抑郁是常见的心理健康问题，重度抑郁更是会带来严重的后果。无论是教育系统的专业人士还是普通民众，对于儿童和青少年抑郁的关注度都非常高。但是心理健康问题并不止抑郁这一种，还有焦虑、恐惧、偏执等，都会给儿童和青少年带来一系列精神与身体症状，造成他们的心理困扰甚至是心理障碍。

2019 年，联合国儿童基金会（UNICEF）和世界卫生组织（WHO）发布联合报告，称全球 20% 的青少年存在心理健康问题，其中约一半青少年的心理健康问题始于 14 岁之前。基于此，北京大学公共卫生学院、北京大学儿童青少年卫生研究所和清华大学万科公共卫生与健康学院对中国 9~18 岁儿童、青少年心理困扰流行现状进行了研究，发现在 2019 年，全国有不同程度心理困扰的儿童和青少年超过了半数，其中高心理困扰率为 31.6%，精神障碍总体患病率达到了 17.5%，抑郁障碍与焦虑障碍的患病率分别为 3.0% 和 4.7%，显著高于 2009 年水平。（《中华流行病学杂志》2023 年 10 月第 44 卷第 10 期）

这些数据让人警醒，也让更多的人开始思考：

心理困扰可不可以预防？

如果不能预防，怎样发现孩子是否产生心理困扰？

孩子都会产生哪些心理困扰？

为什么会产生这些心理困扰？

如果孩子已经开始出现心理困扰的症状，爸爸妈妈该怎么办？

　　除了在确诊产生心理障碍后找专业医生治疗，有没有什么办法能在孩子产生心理困扰初期就帮到孩子，避免让心理困扰发展成为心理障碍？

　　…………

　　带着这些疑问，很多爸爸妈妈把求助的目光投向了网络和相关书籍。只是国内的心理学研究起步比较晚，关于儿童的心理教育和心理咨询工作起步就更晚。现在市面上的优秀儿童心理教育和心理治疗相关书籍大多是从国外引进的翻译版，更多面向专业人士，且以理论介绍为主，流派众多。而每个孩子都是独特的个体，成长环境和遇到的问题都不同，大多数爸爸妈妈没有受过专业培训，要求他们先客观、精准地评估自己的家庭和孩子的状况，再内化各种理论，然后从中选择真正适合孩子的疗愈方案，并且根据具体情况对疗愈方案进行专业调整，非常困难，也不现实。心理健康问题有其特殊性，如果没有得到及时、科学的干预和疗愈，只有少部分的孩子在成长过程中能依据经历完成自我调整，更多孩子的心理健康问题会遗留下来，甚至变本加厉，从心理困扰变成心理障碍，影响深远。

　　在日常工作中，如果发现了产生心理困扰的孩子，或是有可能产生心理困扰的孩子，一线的老师们会给孩子做心理辅导，帮助孩子寻找心理困扰的根源，再教给孩子和爸爸妈妈一些相对应的心理健康促进游戏，帮助家长和孩子共同成长。很多成年人常有一种误解，认为游戏只是玩乐，既浪费时间又毫无意义。其实游戏是孩子最自然的伙伴，并不是简简单单的娱乐消遣。它是孩子和他人进行非语言交流的一种方式。因为孩子的语言表达能力不够强，或是语言不足以表达他们的实际想法，所以在游戏过程中，孩子往往会通过游戏将用语言无法全部表达的讯息传递出来。他们的社交技巧、认知能力、解决问题的能力等都可以在游戏中得到体现和提高。在心理咨询和心理治疗中，游戏治疗是针对儿童和青少年的有效方式，在治疗中最常使用，已有一百年以上的发展历史。除了在咨询室里使用的治疗游戏，还有很多适用于家庭的难度更低、操作更简单的心理健康促进游戏。

这些游戏可以协助孩子预防或解决部分心理困扰，从而促进孩子的心理健康，让孩子获得正向的发展与成长。这些游戏不仅可以用于儿童和青少年，也可以用于成人；不仅可以用于个体，也可以用于团体。经过改良后，这些游戏更适合具有中国文化背景的家庭。

在这本书里，我会介绍一些 3~12 岁儿童常见的心理困扰和与其对应的心理健康促进游戏。这些游戏科学有效，且既简单又有趣，很适合爸爸妈妈在家里或是在户外和孩子一起玩。如果爸爸妈妈在觉察到孩子产生各种心理困扰后，或是为了预防孩子产生心理困扰，按照游戏说明中的要求坚持和孩子玩一段时间，就一定能看到孩子发生不同程度的变化，帮助孩子拥有更加健康、积极、稳定的心理状态。

生命脆薄，如露珠般短暂。希望所有的孩子都能在阳光里奔跑，在清风中欢唱，在绿水青山间沐光而行。

潘莹

2025 年春

目录
c o n t e n t s

第三章　不受恐惧影响，做勇敢的孩子
—— 关于"恐惧和勇气"的游戏____079

第四章　放松下来，从容一点
── 关于"紧张和焦虑"的游戏____109

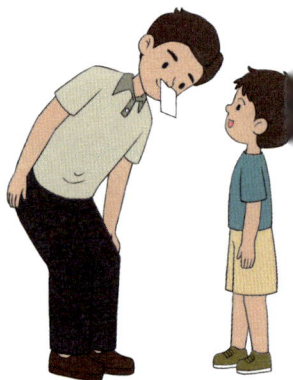

第一章
困境中的孩子

Chapter 01

　　在联合国儿童基金会（UNICEF）和世界卫生组织（WHO）联合发布的报告中，全中国的学龄儿童和青少年精神障碍总体患病率高达 17.5%。这一数据十分惊人，与其他国家相比处于较高水平。目前，儿童和青少年的心理健康问题严峻，得到了全社会史无前例的关注与重视。本章主要介绍什么是心理健康和心理不健康，什么是游戏治疗和游戏对孩子的益处。

2022年教师节前夕，上中学的孩子们回母校来看老师。诗诗告诉我，小洁患上了中度抑郁症，已经休学。我非常惊讶。在我的印象中，小洁是班里的女子足球队队长，无论在赛场上还是在我的课堂上，总是一副认真负责、热情洋溢、活力十足的模样，怎么才进中学没多久，就患上抑郁症了呢？还是中度抑郁症？

我请诗诗帮忙，约小洁见一面。再见小洁时，她一如当初，连聊起生病都是一副正经认真的模样。她告诉我：

"其实在小学，我就已经生病了。只有在你的课堂和足球场上，我才能开心起来，其他时间我都提不起精神，什么都不想干。上初中后，班上的同学像一盘散沙，要么一天到晚只知道做题，要么什么都不好好学，天天混日子，还喜欢拉帮结派，打小报告。没有人愿意和我一起组队踢球，我也看不上他们。我很想念小学的同学和老师，越来越烦现在班上那种氛围，完全听不进去课，后来就没办法上学了。"

那天我和小洁聊了很久。幸亏孩子还愿意打开心门，让我得以体察她的内在。更万幸孩子和她的父亲都能接受并正确认识抑郁症，能够配合医生进行治疗，没有讳疾忌医。渐渐地，我从小洁的朋友圈里开始看到她积极乐观的正向转变。2023年9月，孩子再次回到学校上学了。

一、心理健康与心理不健康

这是一个开局不畅，但结局还算令人满意的青少年心理健康问题典型案例。可是，并不是所有的孩子都像小洁一样幸运。仅我所在的城市，就有不止一个孩子因为各种心理健康问题，将花样年华永远终止在了 2023 年的春天。近年来，中国的学龄儿童和青少年心理障碍总体患病率居高不下，与其他国家相比处于较高水平。

儿童和青少年的心理健康问题严峻，得到了全社会史无前例的关注与重视。那么，什么是心理健康？什么是心理困扰？怎样区分孩子是心理健康的，还是产生了心理困扰，甚至是陷入了心理障碍当中呢？

1946 年，第三届国际心理卫生大会提出："所谓心理健康，是指在身体、智能以及情感上，在与他人心理健康不相矛盾的范围内，将个人心境发展成最佳的状态。"简单来说，心理健康就是指心理状态正常或良好，能够在社交、学习、生产、生活上与其他人保持较好的沟通或配合，对于生活中发生的各种情况能够良好地处理。

心理健康和不健康之间的关系并不是非黑即白的。每个孩子都有自己的独特个性和习惯，心理健康水平会不断变化。例如同样是学习写字，有的孩子以迅速写完为目标，有错或是写得不好都无所谓；有的孩子以写好为目标，一个字要反复擦写，直到自己满意为止。这两种孩子都是正常的。但如果爸爸妈妈告诉孩子已经写得很好了，孩子还是要反复擦写，而且无论怎么写自己都不满意，并为此感到痛苦，这就是已经产生心理困扰了。如果再严重一点，孩子一写字就发脾气，甚至拿铅笔扎自己或是扎别人，这就已经达到了心理障碍的级别，必须由专业的心理咨询师或是心理医生介入。

关于心理健康的标准具有相对性，诸多的心理学家提出了自己的看法。其中，心理学家亚伯拉罕·马斯洛的十项标准得到了较多的认可。

序号	标准
1	具有充分的适应能力
2	充分了解自己，并对自己的能力有适当的评估
3	生活目标能切合实际
4	能与现实环境保持接触
5	能够保持人格的完整与和谐
6	具有从经验中学习的能力
7	能够保持良好的人际关系
8	能适度发泄情绪和控制情绪
9	在符合集体意志的前提下，能有限度地发挥个性
10	能在不违背社会规范的前提下，恰当地满足个人的基本需要

虽然孩子的心理发展存在普遍规律，但是由于每个孩子的成长背景不同，个体在发展速度、水平、优势领域等方面存在很大差异。这十项标准既理论化又理想化，成人当中都很难找到一个人可以完美契合，更不用说儿童和青少年。如果死板地按照这个标准来评判，那所有的孩子心理都不健康。对于 18 岁以下的儿童和青少年，我更建议按照心理学家埃里克·埃里克松关于人格发展的八个发展阶段理论，以亚伯拉罕·马斯洛的十项标准为基础，再结合儿童和青少年的生理、心理发育特点，制定更适合他们的心理健康评判标准，具体如下。

1. 智力正常

儿童和青少年心理健康的重要标志之一就是他们的智力发展水平与实际年龄相称。通常，患有发育障碍、读写障碍，或者智力发展低于正常水平的孩子与同龄的正常孩子相比，更难适应集体学习与生活。他们往往更容易产生较大的心理压力，出现各种心理障碍的概率要显著高于智力正常的孩子。这些孩子也是我日常特别关注的群体。无论是身体发育、学习、日常生活还是心理健康方面，他们都需要爸爸妈妈和老师给予更多的关心与有针对性的帮助。

2. 情绪稳定

情绪稳定不是说孩子不能有强烈的情绪表达，而是指表达情绪时不能违反常理或反应过度。

例如孩子被狗咬过以后，每次看见狗，尤其是体形较大的狗时会害怕，这是正常的情绪表达。如果孩子只看到狗的照片，甚至听到别人说起狗就表现出害怕，这就是产生了心理困扰。

孩子遇到开心的事会哈哈大笑，受委屈了会哭，这是正常的情绪表达。如果孩子在被夸奖时毫无反应或神情漠然，或者被批评了反而哈哈大笑，又或者是对没有发生的事情产生幻觉，在并没有外在刺激的时候毫无征兆地笑或是哭，这就是心理不健康的表现。

3. 能适应正常的学习和生活

随着年龄的增长，心理健康的儿童和青少年的意志力逐渐强大，有独立行动的愿望，且行动自觉果断，有较强的坚持的决心和自我控制能力。有心理问题的孩子则会出现对挫折的承受力差、缺乏自制力、难以适应正常的学习和生活的行为或情绪。

例如在完成作业时，心理不健康的孩子与心理健康的孩子相比，遇到不会做的题目会容易出现一个劲儿地撕书本，或是拿铅笔不停地戳自己或别人等破坏、自伤或伤人的行为。在上课时很难集中注意力，容易冲动—— 一不如意就动手打人，会以身体不舒服为借口（经医生检查并没有生病）逃避上学或体育运动等，也是心理不健康的孩子常有的表现。

4. 有和谐的人际关系

这里的人际关系主要是指儿童和青少年与父母、教师和同伴之间的关系。心理健康的孩子通常乐于与他人交往，能以恰当方式表达自己的诉求、让他人理解自己，能与他人建立平等、互助、和睦的伙伴关系。而心理不健康的孩子往往更加孤僻、敏感、自私、缺乏对人的信任、以自我为中心，更容易产生妒忌心理。总是挑别人毛病、喜欢打小报告的孩子，和爸爸妈妈无法正常交流的孩子，习惯性吵架、打架或是沉默的孩子，又或是校园霸凌事件中的实施霸凌者，往往都是心理不健康的。

5. 能正确评价自己

在自我意识方面，心理健康的儿童和青少年开始逐步正确、客观地认识与评价自己，知道自己的优点和缺点，并且能够有针对性地发扬优点、改掉缺点，对自己无法补救的缺陷也能泰然处之。他们对自己充满了信心，有积极的自尊感。而心理不健康的孩子更容易过于在意外部评价——别人无意间的一句话，甚至只是一个眼神，都能让他们纠结很久。爸爸妈妈如果发现孩子长期存在孤僻、自卑、冷漠、胆怯、缺乏自尊心等表现，就要关注孩子的心理健康情况了。

6. 心理年龄符合实际年龄

心理健康的儿童和青少年具有与实际年龄相符的心理、行为特征，并形成与之相适应的心理、行为模式。如果一个八九岁的儿童，心理、行为表现得像个幼儿园的孩子，或是老练世故得像个成人，严重偏离相应的年龄段特征，则是心理不健康的表现。

7. 人格相对稳定

心理健康的儿童和青少年在遇到问题时，能根据已有经验对自己的个性倾向与心理特征进行有效控制和调节。如果孩子的人格突然发生明显的改变，例如一个温柔内敛的孩子突然变得格外暴躁，随时都会发脾气，或是短时间内突然学习成绩大幅度下滑，就要怀疑孩子心理活动异常。平时品学兼优的孩子在生活中遭遇重大变故时，往往更容易出现这种情况。

8. 热爱生活

心理健康的儿童和青少年对事、对人有明显的"喜欢""不喜欢""无所谓"三分现象。他们对自己喜欢和信任的人会"信其人，服其理"；对不喜欢的人，即使对方说的是正确的，也会否定或违抗。他们对自己喜欢的事有浓厚的钻研兴趣，即使失败，也会有坚持继续尝试的举动；对自己不喜欢的事，如果是有益的或是必须做的，能按捺住自己的不喜欢去尽力完成。

而心理不健康的孩子容易模糊是非曲直的界限，事事喜欢与别人抬杠，或是对所有事情都很难提起兴趣，不愿意努力，畏惧困难，没有生活、学习的目标。爸爸妈妈如果发现孩子对外界给予的赞许和责备都表现出无所谓的态度，什么事都不想干，对以前喜欢做的事也丧失了兴趣，就要关注孩子的心理健康状况了。

如果发现孩子已经出现以上问题中三种以上的表现（幻觉、自伤除外），而且持续时间在三个月以上，请爸爸妈妈不要自行对孩子做出"心理不健康"的结论，而是要带孩子去正规的儿童心理健康评估机构做专业测评，看看是否需要专业工作者的介入。

如果发现孩子已经出现了幻听、幻视、妄想的表现，则不论持续时间长短，请立即带孩子去三甲医院的儿童心理门诊就医。

如果孩子只是偶尔有某些异常表现，例如过度自卑、怯懦、紧张、焦虑、惊惧等，且持续时间不长，或者只是对某些情绪或是与周围环境的关系处理得不够好，爸爸妈妈可以带着孩子玩一些心理健康促进游戏，帮助孩子调整对自己、对他人、对环境的认知，让孩子可以更顺利地适应环境和进行人际交往，健康成长。问题发现得越早，游戏能起到的效果越好，孩子后期产生心理障碍的可能性也越小。

二、心理健康促进游戏

虽然每一名教师都受过儿童心理学专业培训，但是在中国，心理咨询工作起步比较晚，儿童和青少年的心理教育和心理咨询工作起步就更晚，所以，在关注儿童和青少年的学业的同时，通过什么样的方式也能够照护到他们的内在，是一线老师们一直在研究的问题。经过多年来的观察和总结，我们发现，通过玩游戏的方式去照护每个孩子的内在效果非常好。也许很多爸爸妈妈会疑惑：只是玩玩游戏，孩子就能不焦虑、不抑郁了吗？这样的方式靠谱吗？我刚接触到这一领域时也曾有这样的疑惑。要消除这些疑惑，我们需要先从游戏和游戏治疗说起。

游戏是儿童和他人进行非语言交流的一种方式。儿童的语言表达能力尚弱，语言经常不足以表达他们的实际想法。在玩游戏过程中，他们往往会通过游戏传递出各种信息。因此，儿童的社交技巧、认知水平、解决问题的能力等都可以在游戏中得到体现和提高。

游戏治疗（play therapy）是指在临床心理治疗过程中，以游戏为手段对儿童的心理与行为进行校正和治疗的方法。游戏治疗在精神分析学派创始人西格蒙德·弗洛伊德于 1909 年发表的作品中首次提及，经过一百多年的发展，已经成为一种成熟的心理疗法，也是目前在儿童和青少年的心理治疗过程中最受欢迎且使用最广泛的治疗形式之一。

近年来，神经生物学的飞速发展更进一步验证了游戏治疗的价值——在玩游戏过程中，儿童和青少年的神经递质会趋于平衡，大脑腹侧渐渐放松，有关创伤和丧失等的内隐记忆会再次浮现并得到修正。因此，游戏治疗的方式得到了教育界、医疗界的广泛接受和引入，被更多地应用于促进儿童和青少年的正常心理发育、消除情绪困扰、预防心理偏差等诸多方面。

心理健康促进游戏脱胎于游戏治疗这种心理治疗方法，比经由心理咨询师进行的治疗游戏更简单，也更易操作。它只关注游戏的过程和结果，不探究问题的根源，适用于心理健康或是产生初期心理困扰的孩子，可以协助孩子预防或处理部分心理困扰，让爸爸妈妈在家里也可以帮助孩子实现正向的心理发展与成长，促进孩子的心理健康。经过改良，这些游戏也更适合具有中国文化背景的家庭，不仅可以用于儿童和青少年，也可以用于成人；不仅可以用于个体，也可以用于团体。

本书中的大多数心理健康促进游戏我建议以亲子游戏的方式进行，这能帮助爸爸妈妈更紧密地陪伴在孩子身边。这样一来，当孩子呈现出内心世界时，爸爸妈妈能够更加深入地感受和理解孩子，与孩子建立充满温暖和信任的新关系。亲子游戏还能促进爸爸妈妈与孩子的正面互动，提高家庭沟通、应对和解决问题的能力。在玩游戏过程中，无论是爸爸妈妈还是孩子，身体都会更加放松，会逐渐接纳彼此，充满关爱。而这些，是孩子需要的最基本的关系支持。尤其对于已经产生心理困扰的孩子来说，只有在爸爸妈妈的支持下，情况才会有最佳的改善。在安全的游戏状态中，孩子会接触并反复经历一些给自己造成困扰的内隐记忆。这时，爸爸妈妈的持续陪伴和正向的回应，能促使孩子大脑的边缘系统和前额皮质之间建立重要的联结。这样的联结能够逐渐拓宽孩子对不良记忆的忍受窗口，从而使他们的自我调节能力变得越来越强。

三、本书说明与使用方法

在本书中，为了方便爸爸妈妈理解和查找，我将儿童和青少年出现得较多的问题与对应的心理健康促进游戏按照陪伴和理解、恐惧和勇气、紧张和焦虑、愤怒和攻击、沮丧和抑郁、哀伤和思念六大板块分类。

陪伴和理解板块，介绍如何通过游戏走进孩子的世界，更好地陪伴孩子，以及可以帮助爸爸妈妈和孩子更好地认识自己、理解他人、降低阻抗、增进有效沟通的游戏。

恐惧和勇气板块，介绍如何判断和应对孩子的正常与非正常恐惧，以及可以帮助孩子克服不同类型恐惧的游戏。

紧张和焦虑板块，介绍如何判断和应对孩子不同程度的紧张与焦虑，以及可以帮助孩子放松、缓解紧张和焦虑的游戏。

愤怒和攻击板块，介绍孩子过度愤怒、出现攻击性的表现与正确的应对方式，以及可以帮助孩子调节、管控愤怒与冲动，减少攻击行为的游戏。

沮丧和抑郁板块，介绍孩子出现沮丧、抑郁情绪的表现与正确的应对方式，以及可以帮助孩子提升自我评价能力与自我效能感、克服妨碍自己正常生活的行为的游戏。

哀伤和思念板块，介绍经历丧失、遭受创伤的孩子会有哪些表现与正确的应对方式，以及可以帮助孩子呈现他们在经历丧失、遭受创伤后，对自己、他人和周围世界的看法，重塑具有复原力的自我认知和世界观的游戏。

请爸爸妈妈先阅读每个板块的总述部分，了解每个板块的大致内容与孩子的对应表现，然后根据孩子已经出现的问题或是有倾向的问题找到对应的内容细读，看看孩子的问题是否和文中描述的相符，再选择适用的游戏。如果爸爸妈妈不太确定自己的判断是否准确，也可以带孩子去正规的儿童心理健康评估机构做专业测评，根据测评结果来选择游戏。

需要注意的是，如果测评结果显示孩子心理困扰程度较重，甚至已经达到障碍的程度，是一定需要专业的心理治疗师或是心理医生介入进行治疗的，爸爸妈妈切不可擅自使用本书或是讳疾忌医，以免错过孩子的最佳疗愈期。

心理健康促进游戏有别于普通游戏与心理治疗。由于儿童的心理发展具有整体性，因此所有的游戏都不是只解决单一问题的。书中每一章里收录的游戏虽然侧重点不同，但是爸爸妈妈可以带孩子都玩一玩。除了针对孩子的特殊问题选择相应章节的游戏外，爸爸妈妈也可以带孩子多玩一玩其他章节的游戏，相信这样能够帮助孩子在态度、认知、情绪和行为方面做出正向改变。

在这本书中，每个游戏都包含如下几个部分。

1. 游戏名称与游戏介绍

爸爸妈妈在此了解游戏的名称，以及游戏侧重于哪些功能、适合什么年龄的孩子玩。

2. 游戏准备

此部分介绍游戏的准备工作，包含"游戏重点""游戏场地""道具"三项。

"游戏重点"：介绍游戏中最重要的关注点是什么。爸爸妈妈可以根据游戏场地和道具的不同，对游戏稍作修改。但无论怎样修改，游戏重点都不可以改变。

"游戏场地"：针对适合玩这个游戏的场地给出相应的建议。考虑到每个家庭的环境不同，大部分游戏对场地的要求都不高，只要保证孩子能够安全玩耍就可以。

"道具"：介绍玩这个游戏需要准备的物品。

---

17. 换个身份

10岁以上

这是个角色互换的游戏，爸爸妈妈和10岁以上、进入青春期的孩子在沟通不畅，或亲子关系出现问题，或遇到看似无法解决的冲突时，可以玩一玩这个游戏。玩的时间建议在冲突发生后的一周内，所有人心情较好的时候。爸爸妈妈在表演孩子的问题行为时，能够感受到少年的控诉中蕴藏着多大的威力，也能体会到孩子和爸爸妈妈谈判的不易；孩子在扮演爸爸妈妈的角色时，能体验到自己身上有成熟的一面，学习到可以怎样更好地处理问题。当角色换回来后，爸爸妈妈和孩子往往能从之前看似无法解决的冲突中找到新的突破点。

游戏准备

❶ 游戏重点：孩子与爸爸妈妈角色互换。
❷ 游戏场地：室内。
❸ 道具：无。

怎么玩

❶ 请家里没有参与到冲突当中的成员作为旁观者，坐在一旁观看表演。（也可以邀请一位爸爸妈妈和孩子都信赖的亲戚或朋友担任旁观者）
❷ 冲突双方协商好如下表演规则。
（1）轮流面对旁观者表演，一方表演完了再由另一方表演。
（2）不可嘲笑、打断对方的表演。

3. 怎么玩

这个部分介绍游戏的玩法。有的游戏根据孩子年龄不同，或是能力提升的进展不同，特别标注了"基础版"和"进阶版"，需按实际情况选择。

赢得合作，改善亲子关系 ——关于"陪伴和理解"的游戏

❸ 冲突双方互换身份，分别扮演对方，还原表演冲突的全过程。

爸爸表演儿子的行为

儿子表演爸爸的行为

❹ 旁观者分别采访每一位当事人，参考如下。

你扮演角色时感觉如何？感觉到被理解和被听见了吗？想要满足孩子（爸爸/妈妈）的需求，你觉得还需要什么？

你扮演角色时感觉如何？

注意事项

❶ 旁观者来控制游戏顺序和秩序，其他人要听从旁观者的指令。

❷ 在还原冲突过程时，切记不要额外增加自己的想象，不要夸张，尽可能还原事实现场。

❸ 请在冲突双方都同意的前提下玩这个游戏，不能强迫任何一方玩。

059

4. 注意事项

这个部分介绍了玩游戏时要特别注意的一些事项，有安全方面的提示，也有游戏重点的特别提示。建议玩游戏前一定要认真阅读。

四、游戏注意事项

心理健康促进游戏自有其特殊性，在玩的过程中有以下需要特别注意的地方。

1. 良好的情绪和充满信任的氛围

在玩游戏过程中，爸爸妈妈要始终保持积极、乐观、坦诚的态度，向孩子传递"我在这里，我听到了你的话，我了解你的情况，我关心你"的信号，营造出充满信任的氛围。要注意，孩子才是游戏中的主角，爸爸妈妈只是孩子的跟随者。爸爸妈妈要让孩子可以轻松自由地发挥想象力、做自己喜欢的事情；也可以随时转移目标，甚至创造一个完全属于自己的世界。心理健康促进游戏本质上是一种自发的——由内在动机引发的——活动，不存在外在目标。玩的时候，爸爸妈妈要让孩子可以享受这个过程，不用担忧结果。无论什么结果，爸爸妈妈对孩子都应该是无条件的接纳，而不是管教和评判对错，尤其不要帮助孩子做选择，这样才能提升孩子的自信心和责任感。虽然这一点对很多爸爸妈妈来说非常困难，但是请一定要做到。如果游戏的氛围能够让孩子感到安全，并且爸爸妈妈能够在游戏中赋予孩子权力，他们的不当行为就会渐渐消失。

在玩游戏过程中，爸爸妈妈请遵循以下建议。

可以适当引导孩子来玩游戏，但不可强迫孩子参加。

可以鼓励、重复或描述孩子的行为，不要教导、批评或表扬孩子的任何行为（任何正面或负面的评价都会破坏游戏氛围）。

可以说："你为什么这样做？"不要给孩子提引导性问题，例如："你这样做会不会更好一点？"

可以等一个游戏玩完了再换另一个游戏，不要在游戏进行的过程中安排新的活动。

要对孩子的情绪做出回应，不要一动不动或一言不发。

要在每次开始游戏前，先给孩子设定好游戏规则，不要等到孩子已经产生行为了才来制止。例如应事先告诉孩子"沙子只能在沙盘里面玩"，而不是等到孩子把沙子撒得到处都是了再来说不行。

2. 固定的，不被打扰的游戏活动区域（所有标注为"室内"的游戏）

在家里玩心理健康促进游戏时，爸爸妈妈能够给孩子单独准备一间 14~18 平方米的游戏室是最理想的。不能提供单独的游戏室也没关系，请尽量每次都安排在同一个房间玩游戏。房间需要能关门，最好有良好的隔音效果，这将有利于提升孩子的稳定性和安全感。每次玩游戏前，需要把房间收拾整洁，将所有与游戏无关的物品放在柜子里，且从外面看不见柜子里的物品，只把用于游戏的物品摆放在柜子外面，避免孩子在玩游戏时分心。在玩游戏过程中，除了参与游戏的人，尽量不要有其他人进出房间，干扰游戏的进行。

3. 固定的游戏时间

不同类型的游戏对游戏时间有不同的要求，请认真阅读各个游戏中关于游戏时间的说明。有连续性要求的游戏最好在固定的时间玩，例如每天晚饭后，每次 30~45 分钟。在玩游戏过程中，尽量不要中断游戏。

4. 游戏人员

除了游戏中特别提出"全家参与"以外，多子女家庭如何开展游戏在部分游戏的"注意事项"中有特别说明。其他没有关于游戏人员的特别说明的游戏建议一次只和一个孩子玩，其他孩子不在场。

　　心理健康促进游戏科学有效，针对性强，但是孩子的改善不是一朝一夕就可以看到的，需要较长的时间，如果三天打鱼两天晒网，效果就会比较差。只要长期坚持下去，爸爸妈妈就一定能看到孩子的变化，他们会拥有更加健康、积极、稳定的心理状态。

第二章

赢得合作，改善亲子关系
——关于"陪伴和理解"的游戏

Chapter 02

在已经形成心理障碍的儿童和青少年中，绝大部分孩子的家庭关系都不和谐，与爸爸妈妈无法进行有效沟通。本章介绍关于"陪伴和理解"的游戏，这是关于孩子的心理健康最重要的部分。高质量的亲子陪伴是爸爸妈妈和孩子了解和理解彼此的基础和前提，而了解和理解、信任和尊重又是孩子能够拥有良好的心理状态的基础和前提。

萱萱一直和爷爷奶奶、爸爸妈妈一起生活，被教育得很好。她阳光、快乐、努力、自律，所有的科目考试都是班级第一、年级前三，一直以来，她都是其他爸爸妈妈眼里"别人家的孩子"。

9月，萱萱升入了六年级。第一个学月，萱萱一如既往的优秀，但是国庆节过后，出现了明显的异常。她开始在课堂上时不时发呆走神，课间也不再和几个要好的同学嬉笑打闹，总是自己一个人坐在座位上，静静地看着窗外，她的作业也不像以前那样认真完成、精益求精，变得敷衍应付。看到萱萱的变化，老师们很着急。各科老师轮番提醒，孩子总是乖巧地回答"好的，下次注意"，行为却始终不见改变。在期中考试中，萱萱的成绩一落千丈。

看着放到我面前的萱萱各科的期中考试试卷，我问萱萱是不是遇到了什么为难的事情，需不需要告诉她的爸爸妈妈，一起来帮助她解决。孩子欲语又止，脑袋往旁边一偏，咬着嘴唇半天才憋出一句："没用的，他们才不会来呢，他们只会管别人的孩子。"其言语间是满满的倔强和委屈。我有些诧异，随后很肯定地告诉她："放心，你爸爸妈妈都不是这种人，不信我证明给你看。"我当着孩子的面给她妈妈打电话，只说了："萱萱在学校出了点事，需要你马上来一趟，可以吗？"半小时后，萱萱妈妈就到了我的办公室。

焦急的萱萱妈妈一进办公室就冲到了萱萱面前，拉着孩子转圈检查，边检查边问："是撞到了还是摔到了？伤到哪里了？"萱萱有点懵，半晌才回了一句："你不是没空吗？"萱萱妈妈说："潘老师说你出事了，再忙我也要来啊！到底伤到哪里了？还是你把别人弄伤了？"孩子低下了头，眼里隐现泪光。

我给萱萱妈妈看了孩子的各科试卷和作业本，告诉了她萱萱近期的变化，还有刚才提及爸爸妈妈时的那句："没用的，他们才不会来呢，他们只会管别人的孩子。"萱萱妈妈当即就哭了。原来，萱萱的爸爸妈妈都是优秀的中学教师，被单位委以重任，分别一直带初三和高三的毕业班。每天爸爸妈妈守完学生晚自习，回到家都在 22 点以后，萱萱已经入睡。早晨，当爸爸妈妈 6 点 15 分出门上班时，萱萱还没有起床。就连周末和寒暑假，爸爸妈妈的工作和学习任务也很重，只有很少的时间能陪一陪萱萱，平时只能依靠爷爷奶奶照管萱萱的饮食起居与学习生活。

由于萱萱从小听话懂事，她的爸爸妈妈过于放心，加上彼此相处的机会又少，缺乏了解和理解，因此爸爸妈妈和萱萱的沟通与交流方式逐渐出现了问题。偶有面对面交流的机会，爸爸妈妈对待萱萱也是像老师对学生一样，教导居多，亲密严重不足。萱萱进入青春期后，变得更加敏感，童年时期没有搭建好的亲子依恋关系缺陷开始显露威力。而且她对父母的工作和生活情况缺乏足够了解，无法理解自己的爸爸妈妈为什么会为了别人的孩子而顾不上她。萱萱无法从父母的日常行为中体会到爱，所以出现了自暴自弃的行为，其实这是萱萱潜意识里在寻求爸爸妈妈对她的关注，以帮助她确定自己是被爱着的。而爸爸妈妈由于在萱萱的成长过程中参与和陪伴不足，对孩子的思想和行为不够了解，没能及时发现萱萱的情绪变化，这进一步强化了萱萱对父母的不当认知，因此形成了恶性循环。

值得庆幸的是，萱萱和她的爸爸妈妈都是很优秀的人。在母女俩的痛哭和彼此的倾诉中，萱萱确认了自己在爸爸妈妈心目中的位置，萱萱妈妈也意识到了自己对女儿的忽略，内心感到歉疚，决定要好好调整与家人的相处方式，更好地平衡工作和家庭的关系。很快，萱萱又变回了最初那个阳光、优秀的小姑娘。

其实，从孩子刚出生开始，爸爸妈妈想和孩子顺畅交流就不是一件容易的事。面对一句话都不会说，有事只会哇哇大哭的婴儿，新手爸妈不知道孩子要什么，想干什么，经常手忙脚乱地拿一堆东西递到孩子面前，又哄又抱忙半天，才让孩子止住哭声。爸爸妈妈要经过很长时间的摸索和尝试，才能听出婴儿哭声中的细小差异，大致明白孩子想表达什么。很多爸爸妈妈都会感叹："要是孩子会说话就好了。"

等到孩子开始牙牙学语时，虽说彼此之间的沟通轻松了一些，但爸爸妈妈要理解孩子各种自创的词句同样需要努力学习。如果爸爸妈妈给孩子的指令稍微复杂一点，比如"去妈妈房间的桌子上，把那个红色的茶杯拿到这里来"，往往要重复几遍，孩子才能听明白。

进入学龄期后，孩子的语言表达能力会随年龄增长而逐渐增强。爸爸妈妈和孩子在日常生活中终于能够清楚地表达彼此的需求了。可是，很多爸爸妈妈又会发现，这时候和孩子的沟通交流似乎更难了。爸爸妈妈要工作，孩子要上学，接触的世界大不相同。对于孩子在生活、学习中遇到的问题，爸爸妈妈的看法与孩子的看法常常相距甚远，很难统一。爸爸妈妈讲的道理孩子未必接受，孩子的"十万个为什么"与各种"歪理"也让爸爸妈妈头痛不已。批评、责备、高压控制逐渐开始侵入亲子关系，每天能不带负面情绪、心平气和互相陪伴的时间越来越少。

等到孩子进入青春期后，很多爸爸妈妈会发现，自己和孩子仿佛进入了无法沟通交流的模式，好像说什么都是错的，经常不知道哪句话就把孩子点着了。爸爸妈妈付出了满腔的爱与期待，为学业负担越来越重的孩子忙前忙后，可收获的往往只是彼此之间的埋怨与争吵。爸爸妈妈和孩子之间连彼此了解都很难做到，要寻求互相理解和体谅就更困难了。

在很长的时间里，爸爸妈妈和孩子都为得不到对方的理解而苦恼。究其原因，双方有几十年的年龄差距，知识结构、兴趣爱好、对事物的理解和看法等本就差异巨大，如果没有从孩子的童年期就建立起良好、宽松的家庭沟通氛围，爸爸妈妈和孩子之间就会逐渐失去信任与依恋。等孩子有了自主意识后，他就不会愿意把自己的真实想法和遇到的问题告诉爸爸妈妈，并且对爸爸妈妈的教导产生抵触和排斥心理。而此时，孩子如果遇到了自己不能解决的问题，又失去了求助的通道和对象，就很容易产生各种心理困扰。

在已经形成心理障碍的儿童和青少年中，绝大部分孩子的家庭关系都不和谐，与父母无法进行有效沟通。我把关于"陪伴和理解"的游戏放到了最前面，因为这是关于孩子的心理健康最重要的部分。要知道，高质量的亲子陪伴是爸爸妈妈和孩子了解和理解彼此的基础和前提，而了解和理解、信任和尊重又是孩子能够拥有良好的心理状态的基础和前提。在这个前提之下，爸爸妈妈和孩子之间能够坦诚地、清晰地、前后一致地交流，准确地告知彼此的需求、愿望和期待是一个家庭的宝贵财富。成功的沟通会增强家庭的联结与自我效能感，能够帮助爸爸妈妈和孩子共同构建积极的幸福生活。而啰唆的、前后矛盾的、武断的、权威式的交流方式则会带来孩子的对抗、退缩与回避，也会引发家庭矛盾，危及亲子关系，甚至给孩子带来心理困扰。

很多时候，爸爸妈妈对待孩子不是要给孩子划定管教界限，提高控制阈值，而是要增加各种高质量陪伴，不断加深与孩子的联结，增进亲密感。本章选择的游戏旨在帮助爸爸妈妈更好地陪伴孩子，以增进对自己、对彼此、对家庭的了解，有助于构建正确的沟通模式和良好的家庭氛围。如果爸爸妈妈从孩子3岁起就能坚持按时带孩子玩一玩这些游戏，那等到孩子开始面对学业、人际交往等的压力时，已经形成的正确的沟通模式和良好的家庭氛围就是孩子对抗压力最坚强的后盾。

在玩这些游戏的过程中，爸爸妈妈需要注意自己的行为和表达方式，特别是当孩子在游戏中呈现出来的言语或是行为让爸爸妈妈觉得不正确时，一定不可以批评孩子，只需要关注孩子在这些"错误"中想表达什么。如果在玩游戏过程中爸爸妈妈试图纠正和控制孩子，孩子在游戏当中的安全感就会被破坏，得不偿失。除此之外，爸爸妈妈还需要和孩子一起注意以下规则。

① 在彼此情绪稳定的时候再玩游戏。如果有谁心情不好，或是不想玩，一定不能强迫玩。

② 在表达观点时用"我"起头，而不是用"你"起头，在自言自语、分享信息时都要注意。例如可以说"我看到了……""我发现了……"，不要说"你应该……""你可以……"这类试图控制和引导对方的话。

③ 心平气和地、诚实地陈述自己的想法和事实。

④ 尊重和重视对方，听别人把话说完，不要打断和插话。

⑤ 准确地说清楚"我想要……"，而不是"我不想要……"。

⑥ 要关注对方做对了什么具体的事，例如可以说"我很高兴看到你做了……"，不要指责对方做错了的事，也不要用"你真棒"这类空泛的语言表扬对方。

⑦ 允许多样化的意见和例外情况的存在。如果不理解或是不赞同对方的说法，可以把对方说的重复一遍，问对方想表达的是什么，不能辩论和反驳。

⑧ 可以适当表达愤怒，例如可以说"听到你这么说，我不太高兴，我感受到了……"。不要敌对和斥责对方。

⑨ 如果有约定，要书面记录下来，并且定期询问和关注这些约定的结果如何。

1. 心情标记板

3岁以上

这个游戏适合所有 3 岁以上的孩子和爸爸妈妈一起在每天晚饭后玩一次，可以帮助孩子把自己难以用语言描述的情绪具象化，以便于让爸爸妈妈和孩子更好地了解彼此情绪的即时状态。除了每天全家一起玩一次之外，在玩其他游戏之前，也可以让孩子单独先玩这个游戏，再根据孩子标示的情况来选择后续的游戏。

游戏准备

❶ 游戏重点：标示每个人当天的心情。

❷ 游戏场地：室内。

❸ 道具：一张 60 厘米 ×45 厘米的白纸板、表情贴纸若干（类似微信或 QQ 表情包，可自行购买）。

开心　　　非常开心　　　生气　　　伤心　　　一般

怎么玩

❶ 在白纸板上画出如下的表格形式（可以和孩子一起做各种设计和装饰），挂在家里的显眼处。

每个人的名字	妈妈	爸爸	孩子1	孩子2
当天心情				

❷ 在每天晚饭后，全家人坐在一起，每个人选一个最符合当天自己心情的表情贴纸，贴在白纸板上自己名字下方的格子里。

❸ 按照年龄顺序，从大到小，所有人依次说一说自己贴的表情贴纸表示什么意思，为什么当天会出现这样的心情。

❹ 如果说完了心情有改变，就拿一个新的表情贴纸贴在前一个表情贴纸的后面。如果没有改变，就不用再贴。

❺ 等所有人都完成以上步骤了，再把贴好表情贴纸的白纸板放回固定的位置。在第二天贴表情贴纸时，可以先回顾前一天的心情，再标记当天的心情。

注意事项

❶ 这是个需要每天玩，且长期坚持的游戏，爸爸妈妈需要引导孩子自发地玩，不能让孩子觉得这是必须完成的任务。

❷ 如果孩子心情很糟糕，当时又不想说，可以让孩子只做心情标记，等孩子心情好的时候再来追问。

❸ 如果爸爸妈妈心情不太好，也请真实标记，诚实地向孩子描述具体情况。不要怕向孩子坦承大人遇到的困难，孩子比我们想象中的更有力量。

❹ 在表达心情时，一定是大人先说，然后才轮到孩子说。

2. 团聚仪式

3岁以上

在孩子的世界里，仪式能够带来秩序和安全感，在他们的成长过程中，这是一种重要的保护手段。在这个游戏中，爸爸妈妈可以把一些日常行为仪式化，为孩子提供生活与行为习惯的方向和定位，加强家庭的凝聚力，帮助孩子在这些仪式中体验到家人之间的亲密，并且养成良好的生活习惯。从孩子3岁起，全家人可以经常做一做这个游戏。

游戏准备

❶ 游戏重点：把日常行为仪式化。

❷ 游戏场地：不限。

❸ 道具：不限。

怎么玩

❶ 爸爸妈妈和孩子讨论最近孩子最希望和爸爸妈妈一起做什么事，选择其中的一件事作为所有人要一起完成的仪式。

❷ 爸爸妈妈和孩子一起讨论，在每周或每月的什么时间，以什么样的方式来完成这个仪式，能顾及所有人的时间与感受，让所有人都开心。

❸ 将讨论的仪式写下来，设计成漂亮的提示板，贴在家中显眼的位置。参考如下。

> 每周五的晚上，全家一起吃一顿大餐，庆祝顺利完成了一周的工作和学习。

> 每个月，孩子有一次任意选择和爸爸或者妈妈单独出门闲逛的机会，大家一起商定时间。

> 每个月有一天为家庭团聚日，这一天所有人都要放下学习和工作，一起郊游或野炊或做其他所有人都能参与的事情。

> 每周日的晚上是家中的"玩具团聚日"。爸爸妈妈和孩子需要把自己散放在家中各处的用具和玩具放回固定的位置，帮助这些用具和玩具"全家团聚"。

> …………

> 每周五的晚上，全家一起吃一顿大餐，庆祝顺利完成了一周的工作和学习。
>
> 每个月的第二个星期六为家庭团聚日，这一天所有人都要放下学习和工作，一起郊游。

❹ 按照提示板上的约定，按时完成仪式。

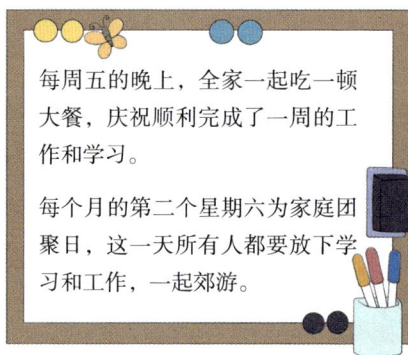

注意事项

❶ 一次不要在提示板上写太多仪式，一两条就可以。

❷ 写下了仪式就一定要坚持按时去做，尤其是爸爸妈妈，不要随时变更。

❸ 如果一段时间后，家中有人对这个仪式失去了兴趣，可以全家一起讨论，设计下一个仪式。

3. 双胞胎  3~5岁

　　这个游戏是让父母和孩子模仿对方的面部表情和动作，适用于3-5岁的低龄孩子，什么时候都可以玩。爸爸妈妈经常和孩子玩一玩这个游戏，能够帮助孩子认识更丰富的情绪种类，同时有助于双方更准确地识别和及时关注对方的情绪和心理状态。

游戏准备

❶ 游戏重点：模仿对方的面部表情和动作。

❷ 游戏场地：室内。

❸ 道具：一把椅子（或一张桌子等可以用作障碍的物品）。

怎么玩

❶ 爸爸妈妈其中的一个人和孩子面对面站着，扮演双胞胎，另一个人在一旁当裁判。

❷ 裁判喊："转。"双胞胎一面念下列儿歌，一面一前一后绕着椅子往一个方向转圈。

　　双胞胎，双胞胎，

　　走路摇摇又摆摆，

　　见了面就说："嗨！"

❸ 说到"嗨！"时，双胞胎停下。前
面的人向后转，面对后面的人，一
面做出一种表情和动作，可以同时
发出各种声音，一面说出该表情和
动作表示的情绪，例如愉快、难
过、沮丧、开心、兴奋、烦恼、苦
闷等。

难过。

难过。

❹ 后面的人迅速镜像模仿前面的人做
出的表情和动作，并说出该表情和
动作表示的情绪。

❺ 裁判判定模仿成功，则双胞胎交换前后位置，进行下一轮游戏。如果后面的
人无法模仿、手脚方向错误或犹豫不决，则判定模仿失败，两个人的位置不
变，继续进行下一轮游戏。

注意事项

❶ 爸爸妈妈可以采用一些让孩子不太容易模仿的动作和声音，以增
加游戏趣味性。

❷ 孩子如果做出表情，但无法准确说出情绪名称或说错，爸爸妈妈
可以当场教给孩子。

❸ 多子女的家庭可以让愿意参加的孩子一起玩。

4. 小象来了　3~6岁

　　这是一个爸爸妈妈和孩子一起模仿小象运动的游戏，适合 3~6 岁的低龄孩子，在任何时间都可以玩一玩，有助于增进爸爸妈妈与孩子的亲密关系，增强孩子的安全感和对爸爸妈妈的信任感。

游戏准备

❶ 游戏重点：爸爸妈妈按照要求抱着孩子做各种动作。

❷ 游戏场地：空旷、安全的地方。

❸ 道具：无。

怎么玩

❶ 爸爸或妈妈面对面抱起孩子，让孩子将腿环绕在爸爸或妈妈的腰上。

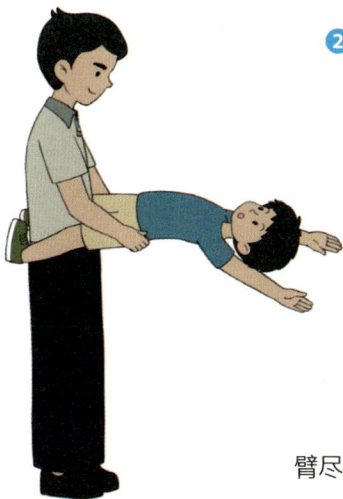

❷ 爸爸或妈妈用胳膊夹稳孩子的腿，双手托住孩子的腰背部，让孩子的上半身往后仰至与地面平行或略往下，手臂尽量往后伸展，模仿小象的鼻子。

❸ 准备好以后，爸爸或妈妈模拟小象的身体，孩子模拟小象的鼻子，一起模拟
小象做各种动作，例如转圈、摇摆、晃悠、慢慢走等。

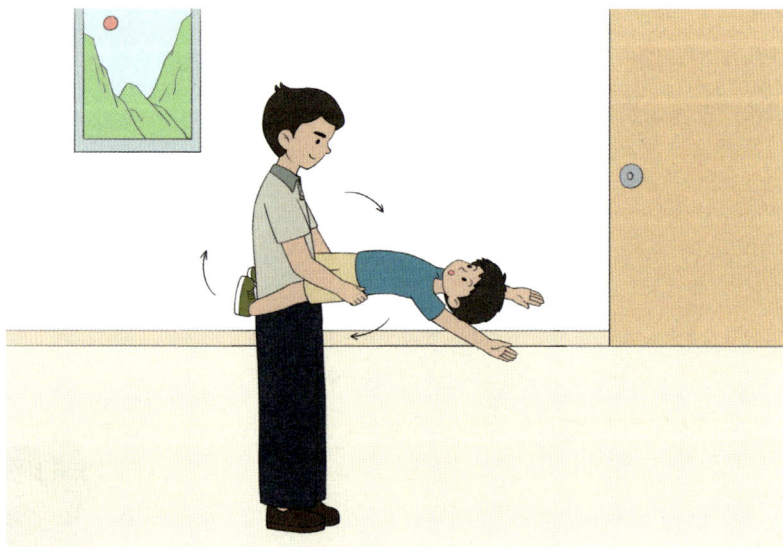

注意事项

❶ 年龄或个头较大的孩子最好和爸爸一起玩。

❷ 玩之前一定要先确认环境安全，玩的时候要特别注意保护好孩子的头、关节和脊柱。

❸ 未参与游戏的人负责在旁边观察孩子和大人的情况，更好地保护参与游戏者的安全。

5. 照片墙

这个游戏可以帮助爸爸妈妈和孩子一起回忆家庭生活中的重要事件和时间点，重温美好时光和幸福体验，加强家中每个人的身份认同，适用于 10 岁以上、逐渐进入青春期的孩子。在整理照片、梳理家庭生活史的过程中，爸爸妈妈和孩子的回忆与交流能有效改善亲子关系。

游戏准备

❶ 游戏重点：爸爸妈妈和孩子共同整理照片，将照片按照时间节点排序。

❷ 游戏场地：室内。

❸ 道具：照片若干、一根彩色绳子、夹子若干、两个挂钩。

怎么玩

❶ 全家一起商议，选定一个主题，例如家人的生日、全家的旅行、搬家等，一起按照这个主题交流、整理照片。

❷ 按照时间顺序，将这些照片夹在彩色绳子上。

❸ 将夹好照片的绳子挂在家中某面墙上，布置成照片墙。

**注意
事项**

❶ 一次只需要整理一个主题的照片，挂一根绳子。每一根绳子末端
都要为未来的岁月留下空间，等待以后加入照片。

❷ 这个游戏也适用于多子女家庭，愿意参与游戏的家庭成员可以一
起玩，但不能强迫参加。

6. 我是巨人

3~6岁

　　这个游戏要让全家人按照固定句式表演在不同场景中做的事，这能够帮助低龄的孩子更好地发现自我，表达出内心多种对立的特质，探测到内心的哪些部分可以随意向他人展露，哪些部分是隐藏起来的，懂得自己才是唯一要对自身改变负责的人，也能够帮助爸爸妈妈了解孩子的自我认知情况。3~6 岁的孩子在任何时间都可以玩这个游戏。

游戏准备

① 游戏重点：全家人按照固定句式表演在不同场景中做的事。

② 游戏场地：室内。

③ 道具：彩色笔、白纸卡若干。

怎么玩

① 请孩子在白纸卡上写自己常待的地点或场景，例如家里、教室、电影院、××同学面前、××老师面前等。每张白纸卡写一个场景，白纸卡数量不限。

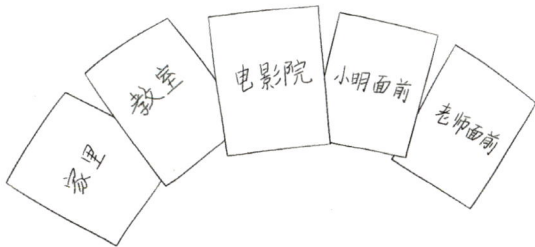

② 第一次玩的时候，爸爸妈妈先做示范，抽一张白纸卡，然后按照下面的句式表演。

在（白纸卡上的地点 / 场景），我是（女皇、巨人、智者、勇士、胆小鬼……），我能够……例如：在宝宝面前，我是巨人，我能够一只手把宝宝抱起来。（可以真的把宝宝抱起来，也可以只做个模拟动作）

③ 全家人轮流抽卡表演。

注意事项

① 尊重对方的表演，觉得有趣的时候可以笑，遇到完全理解不了的情况时可以追问为什么这么想，但不可以嘲笑、打击、批评和说教。

② 这个游戏也适用于多子女家庭，愿意参与游戏的家庭成员可以一起玩，但不能强迫参加。

7. 挠痒痒树

3~5岁

这是一个能够帮助孩子明确家族成员之间的关系，同时帮助爸爸妈妈和孩子增进亲密关系的游戏，适用于 3~5 岁的孩子，在任何时候都可以玩。

游戏准备

❶ **游戏重点**：绘制家谱树，给每个家族成员找到正确的位置和称谓。

❷ **游戏场地**：室内。

❸ **道具**：彩色笔、半开的绘图纸一张、每个家族成员的照片各一张、若干便利贴（每张便利贴上写一个家族成员的称谓，如爸爸、妈妈、弟弟、舅舅等）。

怎么玩

❶ 爸爸妈妈给孩子讲解每个家族成员，以及亲属关系。

❷ 画家谱树。以家中辈分最高的人为大树的主干，爸爸妈妈带着孩子在绘图纸上一级一级画出全家的家谱树，并且把每个家族成员的照片放在大树的相应位置。

家谱树

❸ 让孩子把写着每个家族
成员称谓的便利贴贴在
对应成员的照片旁边。

❹ 取下所有照片和便利贴，背面朝上，
打乱顺序堆放在一起。每个人轮流
抽一张照片或便利贴，放回或贴回
正确的位置。

❺ 放错或贴错了的人要被挠手心或是脚心 3 次。

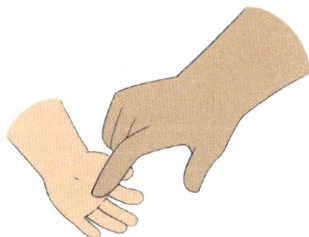

注意事项

❶ 只需要把和孩子有长时间接触的家族成员的照片放在家谱树上。

❷ 如果孩子不认识便利贴上的字，爸爸妈妈可以念给孩子听。

❸ 多子女的家庭可以让愿意参加的孩子一起玩。

8. "抱怨鬼"的冒险之旅

如果家里有遇事喜欢抱怨、频繁吵闹叫嚷的成员，多玩一玩这个游戏可以帮助这样的家庭重新回到正常交流轨道，建立良好有效的沟通方式。这个游戏适用于所有孩子年龄在 6 岁以上的家庭。

游戏准备

❶ **游戏重点**：制作一个"抱怨鬼"玩偶，练习更好的抱怨表达方式。

❷ **游戏场地**：室内。

❸ **道具**：一根小棍子、各种制作"抱怨鬼"玩偶的材料（例如碎布、棉花、彩纸、眼睛贴纸、毛线等）。

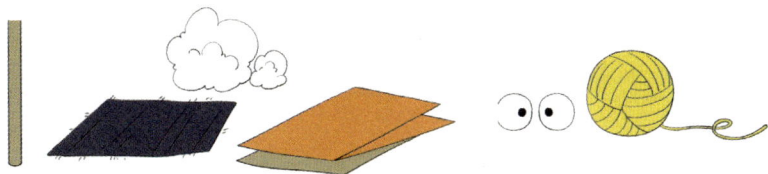

怎么玩

❶ 认识"抱怨鬼"。

选择一个家庭气氛轻松愉快的时间，所有人坐在一起，介绍家里来了一个新朋友——"抱怨鬼"，让大家意识到抱怨的存在。具体步骤如下。

（1）爸爸妈妈问孩子："我们家里有几个人？"

（2）孩子回答以后，爸爸妈妈说："不对，现在家里多了一个人，一个'抱怨鬼'。他经常来我们家冒险。"然后模仿一次孩子抱怨时的样子。

（3）爸爸妈妈表演完以后问孩子："你见过这个'抱怨鬼'吗？"然后让孩子表演一次爸爸妈妈抱怨时的样子。

037

❷ 制作"抱怨鬼"玩偶。

　　全家一起商量、设计，利用各种材料制作一个有趣的"抱怨鬼"玩偶，将它固定在小棍子上。让孩子给"抱怨鬼"画上夸张的表情，尽量把"抱怨鬼"设计得有趣、搞笑，让人看到就想笑。

❸ 约定游戏时间。

　　以后家里要是有人抱怨得太厉害，受不了的人就把"抱怨鬼"放到心情标记板旁边。当天晚上全家一起贴表情贴纸时，来玩"抱怨鬼"游戏。

❹ 每次的游戏步骤如下。

（1）由拿出"抱怨鬼"的人表演当天家中某位成员抱怨的过程。

（2）所有人一起讨论为什么"抱怨鬼"会出现。

（3）讨论这一次抱怨的成员可以怎样更好地表达自己的需求或不满。

（4）每个人说说自己可以为抱怨的成员做什么。

⑤ 每周总结。

每周统计一次"抱怨鬼"出现的次数，讨论怎样做能够让它下一周出现得更少。

妈妈抱怨了 2 次

爸爸抱怨了 1 次

小雪抱怨了 0 次

注意事项

❶ 这个游戏的目的是让家庭氛围变得更轻松、愉快，建立更友好、积极的沟通方式。在讨论"抱怨鬼"怎么来的时候，只能描述事件经过，不可以评判对错，尤其不可以互相指责。

❷ 如果感觉游戏变得有压力，可以随时停止。

9. 家庭雕塑  4~8岁

这是一个让全家人一起跟随音乐运动、摆出各种造型的游戏，适用于孩子年龄在 4~8 岁的家庭。全家人在心情较好的时候经常玩一玩这个游戏，能够让家庭氛围更和谐，家人关系更亲密。

游戏准备

① **游戏重点**：在音乐停止的时候摆出各种造型。

② **游戏场地**：室内。

③ **道具**：能制造节奏或是播放音乐的物品（例如乐器、手机、计算机、音响设备等）。

怎么玩

① 全家一起猜拳，输了的人当指挥，负责控制音乐和喊口令。

② 其余的人围成小圈站好，根据以下三种音乐或口令的变化改变行为。

（1）音乐开始播放，参与游戏者开始同向绕圈行走。

（2）在音乐播放过程中，指挥喊"转！"时，参与游戏者向后转，改变方向后继续绕圈行走。

（3）音乐暂停，指挥随机报一个数字，参与游戏者按数字抱成一团，每个人迅速做一个任意动作，彼此之间要有肢体接触，保持不动直到下一个指令开始。

❸ 方向转错，或是没能按照指挥报的数字抱团，或是没能保持住动作、提前动了的人算输。

❹ 输了的人做指挥，让原来的指挥参与游戏。如果有多人输，就猜拳决定谁来做指挥。

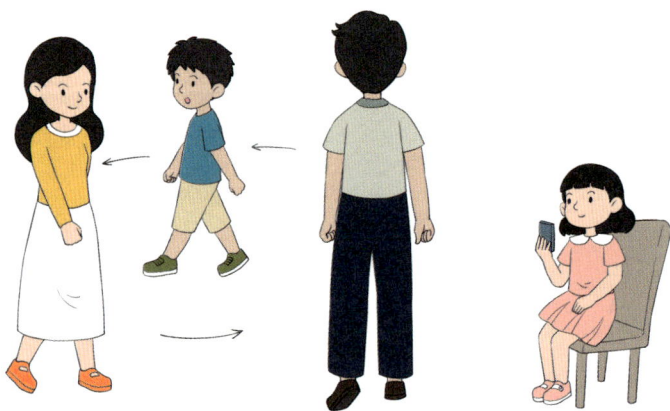

注意事项

❶ 在玩游戏之前，请先检查游戏场所是否足够安全。

❷ 音乐的选择由所有参与游戏者共同商定。

❸ 指挥报的数字不能超过所有参与游戏者的总数。

❹ 这个游戏也适用于多子女家庭，愿意参与游戏的家庭成员可以一起玩，但不能强迫不想玩的人参加。

10. 愚蠢画廊

5岁以上

有些孩子在遇到困难或是面临压力时不愿意告诉爸爸妈妈，或是无法用语言描述清楚自己的状况，容易把压力堆积起来。这时，爸爸妈妈和孩子可以玩一玩这个游戏，它通过绘画的方式帮助孩子把让他们感到压力的问题画出来。这个游戏通常和第11个游戏——"解毒剂"配套使用，适用于5岁以上的孩子。

游戏准备

❶ 游戏重点：让孩子把自己感到有压力的问题通过绘画表达出来。

❷ 游戏场地：室内。

❸ 道具：彩色笔、绘画纸。

怎么玩

❶ 爸爸妈妈向孩子介绍"愚蠢画廊"，这里收藏的绘画都是描绘各种看起来非常糟糕的问题的，并邀请孩子为"愚蠢画廊"绘制藏品，让孩子画出让自己感觉有压力的问题。（通常，孩子会很愉快地接纳这个提议）

❷ 等孩子画好后，爸爸妈妈询问孩子能从自己的画中看到什么。

❸ 一周后，爸爸妈妈邀请孩子就上一周画中描绘的问题再画一幅画，送给"愚蠢画廊"。孩子画好后，爸爸妈妈询问孩子这个问题对他来说是变得好些了，还是更糟糕了。

❹ 如果孩子的回答是变得好些了，就不用玩"解毒剂"游戏，后续每周邀请孩子画一幅画送给"愚蠢画廊"，直到这个问题不再让孩子觉得是压力。如果孩子的回答是变得更糟糕了，就带着孩子玩"解毒剂"游戏。后续每周孩子需要玩两个游戏，画两幅画，直到压力消失。

注意事项

❶ 爸爸妈妈可以鼓励和引导孩子来玩这个游戏，但是不要强迫孩子画。

❷ 不管孩子画得如何，爸爸妈妈都请表示欣赏。

❸ 当孩子描述自己的画时，爸爸妈妈不要打断孩子的描述，更不要评判孩子的思想和行为，可以用陈述性的话语回应孩子，比如："哦，你画的……原来表示的是……"在孩子没有描述清楚时，可以用开放性问题来引导孩子继续说下去，比如："画上的……是什么意思呢？"或是"画这里的时候好像很潦草（用力），是为什么呢？"

❹ 如果孩子不愿意说具体事件，爸爸妈妈请尊重孩子的意愿，不要强迫孩子说，只关注孩子后续的变化和是否需要引入"解毒剂"游戏即可。

11. 解毒剂

5岁以上

　　这个游戏通常在孩子玩了"愚蠢画廊"游戏后，有需要的时候再玩，没有次数和时间限制。它让孩子帮助"愚蠢画廊"绘制"解毒剂"，以及与爸爸妈妈一起讨论解决问题的方法，旨在帮助孩子思考能够在哪里和如何能够获得更好的体验，寻找适合解决孩子遇到的问题的方法，同样适用于5岁以上的孩子。

游戏准备

1　**游戏重点**：让孩子为给自己带来压力的问题绘制"解毒剂"。
2　**游戏场地**：室内。
3　**道具**：彩色笔、绘画纸、玩"愚蠢画廊"游戏时的绘画。

怎么玩

1　爸爸妈妈告诉孩子："'愚蠢画廊'收到了你提供的藏品，十分满意。但是他发现你画的问题让他有点中毒了，想请你再给他画一幅'解毒剂'可以吗？"接着，让孩子绘制一幅"解毒剂"作品。

❷ 等孩子画好后，爸爸妈妈让孩子描述能够从画中看到什么。

❸ 爸爸妈妈和孩子讨论去哪里，以及如何帮助"愚蠢画廊"获得更好的体验，能够解决这个让他中毒的问题。

注意事项

❶ 这个游戏的目的是帮助孩子自己面对问题，解决问题。爸爸妈妈需要尊重孩子选择的帮助途径，尽量提供支持。

❷ 除非孩子的想法有可能伤害自己或是他人，否则爸爸妈妈不要干涉和制止，更不要试图控制孩子、让孩子按照大人的意愿去做。

12. 我的全家福

5岁以上

　　这是一个需要全家一起来完成的绘画游戏，可以帮助爸爸妈妈和孩子了解彼此对家庭氛围、家庭情绪、自我形象的认知和对家的感受。这个游戏适用于 5 岁以上的孩子，什么时候都可以玩。

游戏准备

❶ 游戏重点：绘制全家福。

❷ 游戏场地：室内。

❸ 道具：彩色笔、绘画纸。

怎么玩

❶ 家中每个人都画一幅全家福，要求画出全家所有的人，以及每个人在做什么。

❷ 按照年龄顺序，从大到小，所有人依次说一说自己画的画中每个人是谁，在干什么。

注意事项

❶ 对于别人在画中表现的人物不要加以任何的表扬或批评，尤其是爸爸妈妈对孩子。

❷ 看不明白的地方可以向对方提问，例如："这个人是谁？为什么他没有耳朵呢？"

❸ 如果孩子的画中呈现了家庭成员发生冲突的场景，爸爸妈妈可以等孩子描述完后，引导孩子思考："下次如果遇到同样的事，你准备怎么做？"

❹ 如果家里共同居住的人很多，低龄孩子不能全部画完，可以只画爸爸妈妈和自己。

13. 同学圈圈

9岁以上

这个游戏适用于9岁以上的孩子，让孩子通过绘制关系网图的形式来呈现自己在学校里与同学之间的关系。爸爸妈妈通过观察孩子的绘制过程，以及对孩子进行引导性的提问，可以更好地了解孩子在学校里发生的矛盾与冲突，并引导孩子找出处理人际关系更好的方式。当爸爸妈妈发现孩子从学校回家后情绪低落，并且能确认是和同学或朋友发生矛盾时，可以玩一玩这个游戏。

游戏准备

❶ 游戏重点：让孩子绘制与同学之间的关系网图。

❷ 游戏场地：室内。

❸ 道具：彩色笔、绘图纸。

怎么玩

❶ 爸爸妈妈或孩子在纸上画一个大圆圈，在圆圈下面写"我的班级"。

❷ 爸爸妈妈请孩子把这个大圆圈从圆心的位置划分成三个部分，分别代表"我的朋友""不是朋友的人""中立的人"；并告诉孩子这三个部分的大小可以随意分配，不一定要平均分。在孩子划分的时候，爸爸妈妈需要关注孩子是怎么分的，可以追问为什么这个部分要分得最多，但不作评价。

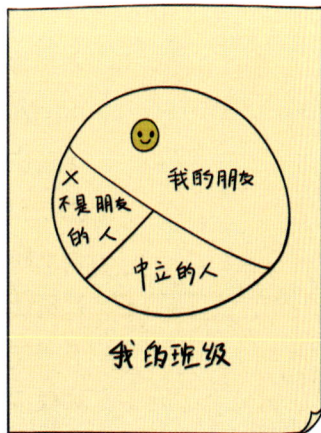

❸ 请孩子在大圆圈的每个部分中写上同学的名字。

❹ 爸爸妈妈可以在孩子写名字的过程中，或是孩子全部写完以后，引导孩子回答以下问题。

班里谁会保护你？

遇到困难时，谁会主动帮助你？

你最喜欢和谁一起玩？为什么？

你经常和谁一起运动？

你生气的时候，习惯和谁说？

你做作业有困难的时候，会去找谁？

你最不喜欢谁？为什么？你准备怎么处理和他的关系？

在"中立的人"里，你有可能争取谁来做你的朋友？你觉得可以怎么做？

在"不是朋友的人"里，你希望谁去到"中立的人"这部分？为什么？你准备怎么做？

…………

注意事项

❶ 有很多原因会导致孩子最后划分的圆圈中"不是朋友的人"或"中立的人"特别多，例如孩子的社交能力不足、对班级生活不太适应，或是孩子性格偏内向等。爸爸妈妈不用担心，要把重点放在引导孩子思考如何争取让"不是朋友的人"或"中立的人"里的同学更进一步，变成朋友。

❷ 尽量让孩子自己思考问题的解决方案。爸爸妈妈可以提供意见给孩子作参考，但不能强迫孩子一定要遵从。

❸ 如果孩子不愿意玩这个游戏，爸爸妈妈可以尝试引导，但不要强迫孩子玩。

14. 阿拉丁与神灯

6岁以上

这个游戏是帮助爸爸妈妈了解孩子的内在动力与心理状态的，适用于6岁以上的孩子。在每个月的固定时间，孩子可以向"灯神"许愿，爸爸妈妈可以从中了解到孩子目前的正向愿望和负向愿望分别有哪些，以及这些愿望对孩子具有怎样的意义。当孩子出现了较为极端的负向情绪与愿望时，诉说和描述的过程能够及时帮助孩子进行自我调整。

游戏准备

❶ **游戏重点**：让孩子向"灯神"许愿。

❷ **游戏场地**：室内。

❸ **道具**：《一千零一夜》故事书、彩色笔、绘图纸。

怎么玩

❶ 爸爸妈妈和孩子一起阅读《一千零一夜》中阿拉丁与神灯的故事。

❷ 爸爸或妈妈化身"灯神"出现，告诉孩子以下内容，语气和表情要夸张一点。

我是灯神，送你一支彩色笔。你可以许三个愿望，是你最希望发生的事，或者是发生了你就会非常开心的事。我希望它们能够实现。你还可以再写三件你最害怕发生或是最不希望发生的事。我希望它们不要发生。

我是灯神……

③ 拿出彩色笔，让孩子选择喜欢的颜色，在两张纸上分别写或画出自己的三个愿望与三件最不希望发生的事。

④ 等孩子写或画完了，爸爸妈妈要郑重其事地把两张纸收起来。

```
我的三个愿望
```

```
三件我最不希
望发生的事
```

⑤ 以后在每个月的固定时间，"灯神"都会出现一次。"灯神"出现的时候，爸爸妈妈拿出上次孩子写的两张纸，和孩子一起讨论如下问题。

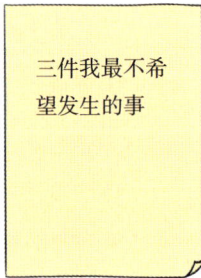

三个愿望是否实现？为什么没能实现？

三件最不希望发生的事是否发生了？你的感受如何？（如果有事件发生，追问孩子怎么看这件事）

⑥ 让孩子许下新的愿望。

注意事项

❶ 爸爸或妈妈在化身"灯神"时，如果能营造足够的仪式感，游戏效果会更好，例如关掉大灯，只保留较为昏暗的灯光，用小茶壶一类的道具充当神灯等。

❷ 多子女的家庭可以让愿意参加的孩子一起玩。无论孩子写下什么内容，其他人都不要评价和干涉，把写好的两张纸收起来即可。

❸ 孩子写下的愿望合理，爸爸妈妈可以视家庭情况予以支持和满足；如果孩子写下了不合理的愿望，在下个月玩这个游戏时，爸爸妈妈要引导孩子思考为什么愿望不能被满足。

❹ 如果孩子在表达害怕或是最不希望发生的事时，爸爸妈妈发现了给孩子造成创伤的事件，请抱一抱孩子，再根据孩子遇到的事件的情况，选择对应的游戏或是找专业人士介入。

15. 秘密任务卡

3~6岁

　　这个游戏帮助爸爸妈妈通过回看在玩游戏过程中自己和孩子的表现（包括语言和行为方式），了解孩子的真实需要，从而反省自己与孩子的相处模式。这个游戏适用于 3~6 岁、还不能够清楚地表述自己的需求和想法的孩子。秘密任务卡分为 4 个类别，每个类别对应孩子不同的需求，爸爸妈妈在游戏后可以按照表格里的内容进行反思。由于这是抽取任务型的游戏，因此道具会比较多。建议每周至少玩一次这个游戏。

游戏准备

① 游戏重点：爸爸妈妈通过回看视频记录、反思自己的言行，改善亲子关系。

② 游戏场地：室内。

③ 道具：8 张较硬的纸卡、若干积木、有声动物玩具、润肤霜、彩色笔、绘画纸、碗、勺子、食物。

怎么玩

① 在纸卡上写出以下任务，每张写一个。

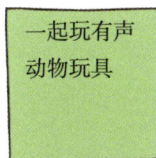

一起玩有声动物玩具

纸卡 1

一起玩一个熟悉的游戏

纸卡 2

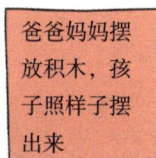

爸爸妈妈摆放积木，孩子照样子摆出来

纸卡 3

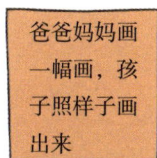

爸爸妈妈画一幅画，孩子照样子画出来

纸卡 4

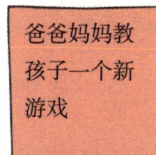

爸爸妈妈教孩子一个新游戏

纸卡 5

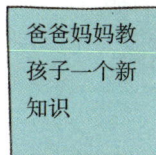

爸爸妈妈教孩子一个新知识

纸卡 6

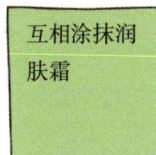

互相涂抹润肤霜

纸卡 7

互相喂吃的

纸卡 8

❷ 让孩子随机抽取一张纸卡，从孩子抽取纸
卡开始，全程录像。

爸爸妈妈和孩子一起按照纸
卡上的要求完成任务。

互相涂抹润肤霜

❸ 游戏结束后，爸爸妈妈回看视频。

并且，爸爸妈妈按照下表中的问题进行反思。

纸卡	孩子的需求和想法	爸爸妈妈的反思
1、2	① 我不孤单； ② 我需要爸爸妈妈和我在一起； ③ 爸爸妈妈能聆听我说话、理解我的想法	① 我能让孩子感到安全吗？ ② 我能通过孩子的声音、眼神、表情和动作感受到孩子的情绪和想法吗？ ③ 我与孩子的互动是否平等、友善、温和，有没有控制、打击和嘲笑孩子
3、4	① 爸爸妈妈是值得信任的，会给我安全感； ② 爸爸妈妈会预先安排好一切； ③ 我还不能够很好地照顾自己	① 我能合理制定游戏规则，给孩子正确指引，让孩子放心吗？ ② 我能帮孩子调节情绪，学习自我控制吗
5、6	① 我能抵御挫折，是强大的； ② 我可以让事情朝着好的方向发展； ③ 在爸爸妈妈的帮助下，我能应对更大的困难	① 当孩子遇到挫折时，我能让孩子感到坚定和自信？ ② 我能帮助孩子发展本领吗？ ③ 我是孩子的好伙伴吗？ ④ 当孩子成功时，我会感到满足吗
7、8	① 爸爸妈妈让我感到温暖、舒适； ② 爸爸妈妈能舒缓我的负面情绪	① 我明白孩子的需求和想法吗？ ② 我能用很好的方法，例如温柔的接触来舒缓孩子情绪，帮助孩子冷静下来吗

注意事项

❶ 多子女的家庭可以让愿意参加的孩子一起玩。

❷ 爸爸妈妈的关注重点需要放在回看视频时反思自己的行为和语言上，不要去评判孩子完成任务的情况。

16. 新闻头条 7岁以上

　　这个游戏会突出孩子做的某件值得鼓励的事或是犯的某个需要反省的错误，为孩子提供处理正面或负面经历的机会，帮助孩子发现自我，承认和接受自己的个人特质、优点和缺点，明确阻碍自己成长的消极观念和损己信念。由于有书写的要求，因此这个游戏更适合 7 岁以上、能够写出一段通顺的文字的孩子。建议在上述事件发生的第二天玩一次这个游戏。

游戏准备

❶ 游戏重点：让孩子设计新闻头条的稿件，并进行播报。

❷ 游戏场地：室内。

❸ 道具：彩色笔、绘画纸。

怎么玩

❶ 让孩子以文字填空和绘画的方式完成一份新闻头条的设计单。填空和绘画的内容是孩子前一天做的某件值得鼓励的事或是犯的某个需要反省的错误。

昨天，(填入地点) 发生了一起令人深思的事件：
(描述孩子做的值得鼓励的事或是犯的错误的经过)。
许多人都说 (旁观者对这件事的看法)。
也有人认为 (当事人对这件事的看法)。
据(孩子的名字) 称，很明显，这是一件 (值得如何对待) 的事，结果是 (孩子从这件事中学到了什么)。

事件插图

各位观众……

❷ 爸爸妈妈模拟电视台主持人拿着话筒的模样说下面这段话，引入游戏。

> 各位观众，大家晚上好。这里是（自己起名）电视台的《新闻现场》栏目。下面，请看前方记者（孩子名字）带回的报道。

昨天，×× 小学发生了……

❸ 请孩子模拟记者，照着新闻头条的设计单表演现场报道。

注意事项

❶ 在孩子填写新闻头条的设计单时，爸爸妈妈可以引导孩子分别从当事人和旁观者的角度去思考他们可能产生的各种看法，但是请不要直接告诉孩子答案。

❷ 对于孩子完成的新闻头条的设计单和孩子的表演，爸爸妈妈只需平静、认真地听和看。在孩子表演完后，爸爸妈妈可以重复一遍孩子写的自我认识，例如："我知道了，你从这次的事件中学到了……"不需要表扬孩子，更不可以指责孩子。

❸ 如果孩子不想玩这个游戏，爸爸妈妈可以尽量引导孩子玩，但不要强迫孩子玩，更不能将这个游戏作为惩罚孩子的手段。

17. 换个身份

10岁以上

这是个角色互换的游戏，爸爸妈妈和 10 岁以上、进入青春期的孩子在沟通不畅，或亲子关系出现问题，或遇到看似无法解决的冲突时，可以玩一玩这个游戏。玩的时间建议在冲突发生后的一周内，所有人心情较好的时候。爸爸妈妈在表演孩子的问题行为时，能够感受到少年的控诉中蕴藏着多大的威力，也能体会到孩子和爸爸妈妈谈判的不易；孩子在扮演爸爸妈妈的角色时，能体验到自己身上有成熟的一面，学习到可以怎样更好地处理问题。当角色换回来后，爸爸妈妈和孩子往往能从之前看似无法解决的冲突中找到新的突破点。

游戏准备

❶ 游戏重点：孩子与爸爸妈妈角色互换。

❷ 游戏场地：室内。

❸ 道具：无。

怎么玩

❶ 请家里没有参与到冲突当中的成员作为旁观者，坐在一旁观看表演。（也可以邀请一位爸爸妈妈和孩子都信赖的亲戚或朋友担任旁观者）

❷ 冲突双方协商好如下表演规则。

（1）轮流面对旁观者表演，一方表演完了再由另一方表演。

（2）不可嘲笑、打断对方的表演。

❸ 冲突双方互换身份，分别扮演对方，还原表演冲突的全过程。

爸爸表演儿子的行为

儿子表演爸爸的行为

❹ 旁观者分别采访每一位当事人，参考如下。

你扮演角色时感觉如何？感觉到被理解和被听见了吗？想要满足孩子（爸爸/妈妈）的需求，你觉得还需要什么？

你扮演角色时感觉如何？

注意事项

❶ 旁观者来控制游戏顺序和秩序，其他人要听从旁观者的指令。

❷ 在还原冲突过程时，切记不要额外增加自己的想象，不要夸张，尽可能还原事实现场。

❸ 请在冲突双方都同意的前提下玩这个游戏，不能强迫任何一方玩。

18. 会说话的照片

6岁以上

这个游戏要让孩子从照片里的人的表情、行为等信息推断出当时他的想法，思考人们如何通过身体和面部表情来表达自己的情绪，适用于6岁以上的孩子。爸爸妈妈经常和孩子玩一玩这个游戏，能够帮助孩子了解哪些是适应社会的行为，让孩子学习如何有效管理自身的行为，与别人正常互动。

游戏准备

❶ **游戏重点**：让孩子从照片里的人的表情、行为等信息推断出当时他的想法。

❷ **游戏场地**：室内。

❸ **道具**：打印出来的5寸照片若干，照片数量为游戏参与人数的5倍。照片里必须有各种陌生人，每张照片里的人数不限，照片里的场景必须是孩子熟悉的，例如游乐场、教室、小区、电影院等。

怎么玩

❶ 参与游戏的人猜拳，赢的人抽取一张照片，并选择照片里的一个人，猜测这个人当时在想什么或说什么，然后模仿这个人的表情和动作，并加入猜测的语言进行表演。

爸爸妈妈需要引导孩子去观察照片里人物的表情、动作等细节，例如问孩子以下问题。

你看这个人的嘴角是往上翘的，眼睛弯弯的，你觉得他现在心情如何？

他的手捏成拳头，举过头顶了，你觉得他想做什么？

……………

我赢了！

❷ 其他人判断表演的人猜测的想法或语言是否合理。如果合理，这张照片就归表演的人所有；如果不合理，就把这张照片重新放回照片堆里，进行下一轮游戏。

❸ 游戏结束时，拥有照片最多的人获胜。

注意事项

❶ 这个游戏用的照片可以经常换，让孩子保持新鲜感。

❷ 爸爸妈妈不可以直接把结果告诉孩子，例如说："这个人看上去就很生气。"

❸ 如果孩子的猜测和语言模仿不合理，爸爸妈妈可以先告诉孩子照片里人物的哪些细节通常代表什么意思，再告诉孩子他的判断有误，要注意说的顺序不要颠倒了。

❹ 除了亲子互动，这个游戏也适合多子女家庭中几个孩子自己玩。

19. 我家是个动物园 ⟨9岁以上⟩

　　这个游戏是让每个人找出与家庭成员很贴切的动物，并尝试从动物的角度出发寻找与之相处的方式，它可以帮助爸爸妈妈和孩子更好地了解彼此眼中的家庭关系、感受和想法，思考如何更好地与对方相处，并积极寻找更适合的沟通模式与技巧。这个游戏适用于 9 岁以上的大孩子，当家庭之间的沟通出现问题的时候，可以选一个所有人心情都不错的时候一起玩一玩。

游戏准备

❶ **游戏重点:** 找出与家庭成员很贴切的动物，并尝试从动物的角度出发寻找与之相处的方式。

❷ **游戏场地:** 室内。

❸ **道具:** 同种材质、同样大小的动物模型（自己写或画的动物卡片、动物玩具也可以）若干，彩色笔，绘画纸。

怎么玩

❶ 爸爸妈妈向孩子提问，参考如下。

　　在你认识的动物里，哪些动物跑得快?

　　水里的哪些动物游得快?

　　哪些动物吃东西吃得特别多?

　　哪些动物很凶恶?

　　哪些动物很温柔?

　　…………

请孩子说一说他的看法。

爸爸妈妈告诉孩子，每种动物都有不同的特性，人也一样，每个人的特性、爱好都不一样。

❷ 在三张绘画纸上分别写上爸爸、妈妈和孩子的名字。

❸ 所有人按照年龄排序，从小到大，轮流挑出自己觉得与全家每个人（包括自己）最相像的动物模型，放在对应的名字旁边，然后按以下主题/问题依次解释自己的看法，一个人全部说完，再换下一个人。

（1）自己的选择。

　　例如：我选了一个老虎妈妈。

（2）动物和人对应的特性。

　　例如：老虎妈妈很凶，吼得很大声，但是有危险的时候会保护小老虎。

（3）自己最喜欢对方做什么。

　　例如：我最喜欢老虎妈妈帮我做手工，老虎妈妈做事情很认真。

（4）自己最不喜欢对方做什么。

　　例如：每次我做作业做得慢，老虎妈妈就会暴躁，有时候还会打人。暴躁的老虎妈妈很可怕。

（5）站在动物立场的自己可以如何与对方相处。

　　例如：我觉得小狗（自己）最好不要在老虎妈妈面前张牙舞爪地跳来跳去，也不要乱叫，容易把老虎妈妈惹毛，毕竟打又打不过，吼也吼不赢，还是老实趴着比较好，老虎妈妈看着还会觉得小狗毛茸茸挺可爱的。

我有一个老虎妈妈……

注意事项

❶ 这个游戏不限参与人数，但如果是多子女家庭，或是家中有多人同住，是否把所有人名字都写上由所有参与游戏的人共同决定。

❷ 所有人全程都要用拟人化的方式来表达，例如要说"我选了一个老虎妈妈"而不是"我选了一只老虎代表妈妈"。

❸ 如果不赞同别人的说法，不可以打断、批评、反驳、辩论，例如说"我哪里像老虎了？"这样的话。这一点爸爸妈妈尤其要注意。

❹ 5个主题/问题的先后顺序不可调换。

20. 真人秀剧场

6岁以上

这个游戏让孩子在爸爸妈妈的引导下重现学校里发生的令自己感到快乐的事情，能够帮助孩子从游戏中学习审视自己的行为，尝试从不同的视角看世界；也能够帮助爸爸妈妈了解孩子在学校里的人际关系、学习环境等情况。6岁以上的孩子在上学期间，如果当天在心情标记板上标记了快乐、开心等正面情绪，就可以玩一玩这个游戏。

游戏准备

① 游戏重点：角色扮演，与孩子一起表演在学校里发生的事。

② 游戏场地：室内。

③ 道具：孩子自定。

怎么玩

① 在全家人完成了当天的"心情标记板"游戏（见第23页）后，爸爸妈妈引导孩子回忆在学校里发生的快乐的事情，参考如下。

　　看来，今天在学校里，我们的（请填写孩子的名字）遇到了令他快乐的事情。让我们来看一看，这件事到底是怎么发生的。

❷　爸爸妈妈和孩子一起准备舞台和需要的道具。

❸　孩子扮演自己，爸爸妈妈扮演事件中的其他人。孩子要教爸爸妈妈应该怎么说，怎么做。

❹　全家人一起表演当时的场景。

注意事项

❶　爸爸妈妈可以和孩子一起，在客厅或房间里，利用桌椅等现有物品围出一小块空地作为舞台，孩子觉得需要用到哪些道具就准备哪些道具。

❷　这个游戏也适用于多子女家庭，愿意参与游戏的家庭成员可以一起玩，不可强迫别人玩。

21. 玩偶游戏 3~6岁

对于年龄较小的孩子来说，和爸爸妈妈一起讨论自己遇到的冲突和不愉快的经历是件困难的事，要承认这些是他们自身的问题就更困难了。利用玩偶进行戏剧创作时，孩子会把自身或是对自己来说很重要的人的信念、行为和人格特征投射到玩偶上。爸爸妈妈可以伺机介入，帮助孩子表达、理解和解决他们的问题。这样做可以间接地保护孩子，让他们内心的痛苦不会被直接揭开。而且在讨论玩偶的问题时，孩子可以获得自信，并有机会发展出直接承认和面对问题的勇气。当3~6岁的孩子遇到不愉快的经历，在当天玩"心情标记板"游戏标注了负面情绪时，可以接着玩一玩这个游戏。

游戏准备

❶ **游戏重点**：创编一出玩偶剧。

❷ **游戏场地**：室内。

❸ **道具**：孩子喜欢的各种玩偶，材质、大小不限，毛绒类玩具优先。

怎么玩

① 爸爸妈妈告诉孩子，今天要一起用玩偶来表演一出戏。这出戏里有一个角色是难过的（或孩子当天标记的其他负面情绪）；另一个角色是首领，是强壮有力的。还有其他角色，没有特别的要求，但角色总数不能超过5个。

❷ 把所有的玩偶放在一起，请孩子选择角色需要的玩偶。

❸ 请孩子介绍每个玩偶的角色和特点。爸爸妈妈可以通过提问引导孩子介绍，例如以下问题。

这个娃娃是谁啊？它几岁了？它上幼儿园了吗？（角色身份）

它好像看起来有点难过（或孩子当天标记的其他负面情绪），对吗？（角色情绪特点）

它有什么特殊的本领呀？（角色特点）

⋯⋯⋯⋯⋯

❹ 爸爸妈妈和孩子一起，设计玩偶剧的主题，参考如下。

这是一个发生在森林里（地点），关于大家一起做游戏（孩子当天遇到的不愉快事件）的故事。

❺ 由孩子开始表演，爸爸妈妈作为观众，可以伺机插入各种问题，引导孩子继续创编，参考如下。

（1）体会不同角色的心情。

例如：其他人都在一起跳舞庆祝，小熊一个人被关在门外，会是什么感觉呢?

（2）鼓励某个角色的某种行为。

例如：小熊，再试一次吧，我觉得这次一定行。

（3）建议某个角色改变某种行为。

例如：狐狸，我觉得你的做法可能没什么用，你能不能想点别的办法?

❻ 表演结束后，爸爸妈妈和孩子讨论他最喜欢剧本里面的哪个角色，以及原因。

**注意
事项**

❶ 玩偶剧选择的主题要和孩子当天遇到的问题有联系，但是又不能完全雷同。爸爸妈妈可以结合孩子熟悉的童话或寓言故事来创作，也可以完全由孩子创作。

❷ 如果孩子不喜欢爸爸妈妈在表演的时候插话，爸爸妈妈可以等孩子表演完成以后再来讨论。

❸ 当孩子在玩偶剧中展现出遇到的困难时，爸爸妈妈需要鼓励孩子想出解决办法，并且沿着这个思路继续表演下去。

22. 问题三明治

6岁以上

这是一个可以帮助家庭养成良好的对话习惯、让爸爸妈妈和孩子的沟通更容易的游戏。从孩子6岁进入小学起，在孩子遇到重大问题、父母想对孩子进行说教的时候都可以玩一玩这个游戏，可以帮助爸爸妈妈了解孩子对说教方式的接受程度，从而把希望孩子明白的道理用孩子能接受的方式表达出来，让亲子沟通更顺畅。

游戏准备

① 游戏重点：爸爸妈妈按照固定的模式给孩子讲道理。

② 游戏场地：室内。

③ 道具：两片面包、一些蔬菜、一些肉类（几片火腿或其他肉类）。

面包

生菜

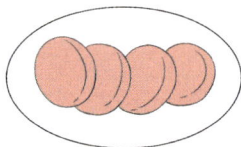
火腿

怎么玩

① 爸爸妈妈邀请孩子一起来做一个"问题三明治"。

② 爸爸妈妈在盘子里放第一片"问题面包"，让孩子说一个自己今天在学校或家中遇到的问题或犯的错误。

❸ 爸爸妈妈从孩子说的问题中找出孩子值得肯定的地方，认可孩子。孩子如果觉得爸爸妈妈某个点说得对，就在"问题面包"上放一片"认可蔬菜"；如果觉得爸爸妈妈说得不对，就不放蔬菜。爸爸妈妈找到的孩子的闪光点越多，放的蔬菜就越多。

❹ 爸爸妈妈给出建议，也可以引导孩子想一想可以从哪些方面来考虑问题，怎样解决更好。孩子如果接受爸爸妈妈的建议，就放一片"建议肉"；如果不接受，就不放。

❺ 无论上一步结果如何，爸爸妈妈都要对孩子表示鼓励，相信孩子一定可以解决好问题，同时盖上一片"鼓励面包"。

6 爸爸妈妈和孩子一起把"问题三明治"吃掉。

注意事项

❶ 在玩游戏的过程中，爸爸妈妈的语气和表情请尽量轻松，在孩子情绪良好、兴致最高的时候讲道理，孩子更容易听进去。

❷ "问题三明治"也可以替换成"问题馒头""问题饼干"等。

❸ 无论孩子犯了多大的错，爸爸妈妈都需要先找到问题中孩子值得肯定的地方，然后给出建议，最后加以鼓励。

❹ 如果孩子不接受爸爸妈妈给的建议，爸爸妈妈可以尝试换种说话方式，看孩子怎么想。如果孩子确实无法接受，爸爸妈妈要允许孩子保留自己的意见，可以过一段时间再就同一问题进行游戏。

23. 帮手娃娃

这是一个利用毛绒玩具来帮助爸爸妈妈了解孩子的问题、让孩子明白道理的游戏。这个游戏在 3~6 岁的孩子患病或心情不好的时候尤其适用，从帮手娃娃的角度提出处理问题的方法，可以帮助孩子发掘自己真正的愿望和目标。

游戏准备

① **游戏重点**：表演"帮手娃娃"的建议。

② **游戏场地**：不限。

③ **道具**：两个毛绒玩具，一个扮演"主角"；另一个扮演"帮手娃娃"。

主角   帮手娃娃

怎么玩

① 请孩子选两个自己喜欢的毛绒玩具，分别扮演"主角"和"帮手娃娃"，可以给每个角色起个名字。

② 爸爸或妈妈拿着"主角"，孩子拿着"帮手娃娃"。

药太苦了，倒掉吧。

❸ "主角"表演一个和孩子的情况相似的问题场景。

❹ "帮手娃娃"给"主角"提出多种建议，告诉"主角"能做些什么，怎么做，参考如下。

药太苦了，倒掉吧。

头好晕，可以睡一会儿。

不开心，吃一块饼干吧。

…………

❺ "主角"表演"帮手娃娃"的每个建议带来的不同后果。

❻ "帮手娃娃"说说自己最喜欢哪个建议。

注意事项

❶ 游戏场景里的人物和情节推动都要以"主角"和"帮手娃娃"的身份进行，让孩子沉浸在表演而不是被批评和说教的氛围中。

❷ 当孩子用"帮手娃娃"的身份最后说出了正确的解决方案时，爸爸妈妈要用"主角"的身份及时鼓励，帮助孩子增强自信。

24. 罢工时间

6岁以上

孩子通常很难理解爸爸妈妈为自己付出了什么，会认为爸爸妈妈照顾自己、满足自己的所有愿望都是应该的。这个游戏可以帮助孩子理解爸爸妈妈的辛劳与重要性，学习在家里如何以合作和负责任的态度生活。6岁以上的孩子每个月可以玩1~2次这个游戏，孩子几岁，一次就玩几小时。

游戏准备

1. 游戏重点：爸爸妈妈拒绝听从孩子的命令，不提供任何服务。
2. 游戏场地：室内。
3. 道具：计时器。

怎么玩

1. 爸爸妈妈和孩子约定，在当天的罢工时间里，自己拒绝听从孩子的所有命令，不给孩子提供任何服务，包括做饭、给零花钱等，也不和孩子有任何语言交流。
2. 给计时器定好时间，放在显眼的位置。

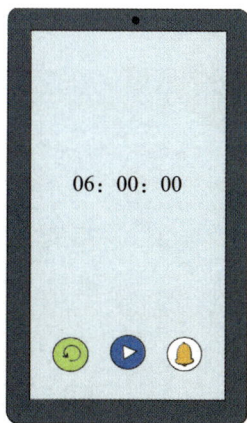

计时器

不给孩子做饭

❸ 待孩子做好准备后，开始进入
爸爸妈妈的罢工时间。孩子需
要独立完成所有
事情。

不给孩子零花钱

不给孩子收拾玩具

❹ 罢工时间结束后，让孩子说一说自己的感受和想法。

**注意
事项**

❶ 这个游戏不能在孩子犯了错时，作为惩罚手段进行，这会让孩子
产生抵触和对抗的心理，失去应有的作用。

❷ 要选择所有人都情绪良好、时间充裕的一天来玩。只有在孩子情
绪良好，没有任何负面行为和负面情绪时，才能让孩子完成真正
有效的体验与学习。

❸ 如果孩子在玩游戏过程中不断来挑战爸爸妈妈的底线，爸爸妈妈
可以没收孩子的物品，但要控制住自己，当时一定不要和孩子讲
道理，等游戏结束了再让孩子自己来说。

❹ 如果孩子用哭闹来要挟爸爸妈妈，也不用理会，爸爸妈妈平静地
做自己的事，只关注孩子不要出安全问题就好。

25. 涂鸦接力　3岁以上

这是一个让所有家庭成员一起接力涂鸦的互动游戏，适用于孩子年龄在3岁以上的家庭。这样的互动游戏能够在轻松愉悦的气氛中把家中所有成员更好地联结起来，让大家合作完成一个项目，享受亲密的陪伴和玩耍的乐趣。这个游戏在任何时间，任何地点，尤其在家中有人情绪低落时都可以玩一玩。

游戏准备

① **游戏重点**：所有人共同完成接力涂鸦创作。

② **游戏场地**：不限。

③ **道具**：计时器、彩色笔、绘画纸。

怎么玩

① 选出一个人作为口令员，口令员站着，其他的人围坐在口令员的旁边，坐着的人每人拿一张绘画纸和一支彩色笔，每个人拿的彩色笔要是不同颜色的。

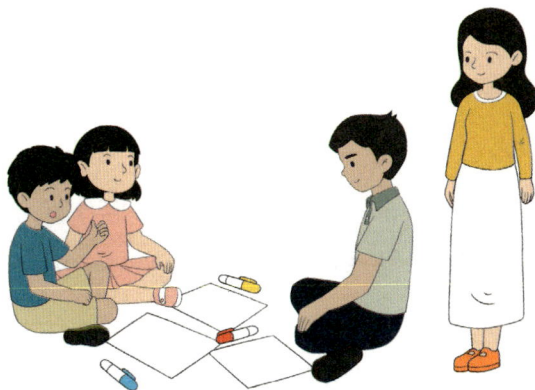

❷ 口令员喊"开始"，所有人开始在绘画纸上作画，想画什么就画什么。

❸ 口令员喊"停止"，并开始计时1分钟，所有人停止作画，并且把绘画纸传给自己左边的人。

❹ 口令员1分钟后再次喊"开始"，所有人在拿到的别人的绘画纸上继续作画。

❺ 口令员再次喊"停止"，并开始计时50秒，重复步骤❸和步骤❹。依此类推。

❻ 口令员喊"停止"的间隔时间开始是1分钟，然后依次是50秒、40秒、30秒、25秒、20秒、15秒、10秒、5秒、4秒、3秒、2秒、1秒。一轮游戏结束，之后可以换一个口令员，从头开始玩下一轮。

注意事项

❶ 如果是低龄的孩子，则孩子用常用的手作画，成人要用不常用的手来作画，让成人和孩子保持绘画水平相当，才能避免把关注点放在画得正确和画得美上，而是放在享受涂鸦的乐趣上。

❷ 这个游戏也适用于多子女家庭，愿意参与游戏的家庭成员可以一起玩，但不能强迫别人参加。

不受恐惧影响，做勇敢的孩子
—— 关于"恐惧和勇气"的游戏

Chapter 03

　　孩子会产生恐惧是正常现象。大多数儿童时期的恐惧尽管看上去千奇百怪，但都是正常和短暂的。只是每个孩子对恐惧的倾向和对恐惧强度的反应存在个体差异，有些孩子的恐惧反应会比别的孩子更加明显和强烈。这一章的游戏可以帮助孩子学习准确地理解周围的世界，区分真实与想象的危险，练习使用正确的方法控制正常的恐惧，变得勇敢起来。经常玩一玩这些游戏，有助于孩子拥有更好的适龄应对技能，顺利度过每一个特定的恐惧阶段。

学校里的很多保洁员都不太愿意去打扫一、二年级孩子用的厕所。虽然学校里的很多工作都是长期由固定的人来做，但打扫一、二年级的厕所需要经常换人，而且谁做谁抱怨。因为每天都有孩子会两三个人同时挤在一个小格子间里上厕所，所以地上特别脏。老师和家长反复提醒孩子不可以这么做，但没什么用，询问原因，大多数孩子会说他们害怕。怕什么呢？学校的厕所里安装的是蹲坑，很多孩子怕跨在蹲坑上，尤其怕关门后一个人在厕所里跨蹲坑，觉得自己会掉下去。很奇怪吧？这样的事情成年人听上去会觉得匪夷所思，但孩子的恐惧就是这样无处不在。

以下是儿童常见的一些恐惧表现。

0~6 个月：害怕失去依靠和吵闹的声音。

7~12 个月：害怕陌生人和突然出现的事物。

1~4 岁：害怕面具、黑暗、动物、噪声、陌生人、上厕所、和父母分居。

5~8 岁：害怕黑暗、动物、"坏人"、受伤、打雷、闪电、超自然的东西、媒体上报道的恐怖事件、独自一人。

9~12 岁：害怕考试、被嘲笑、躯体攻击、受伤、战争、死亡、打雷、闪电及其他环境因素。

其实，孩子会产生恐惧是正常现象。恐惧是人在感知到危险时产生的一种情绪和生理的正常反应，在孩子的成长过程中具有重要的发展性功能，例如，对于陌生人的恐惧有助于保护孩子的安全，对于车祸的恐惧可以提醒孩子过马路时要谨慎等。探索和适应正常的恐惧是孩子重要的成长任务，既可以让孩子远离危险，又可以让孩子发展健康的应对机制，还能帮助孩子发掘社交及情感资源，有助于培养孩子面对生活挑战的能力。然而，儿童和青少年的生活经验与认知水平都有限，缺乏区分真实的危险和想象的危险的能力。在真实的危险很小或还不存在时，在出现未知或不寻常的事物时，在内心出现愤怒、急迫等强烈的情绪时，孩子的恐惧反应往往都能被唤起。

一些孩子特有的恐惧是儿童发展阶段、发展任务、情感关注等特有的产物，也是儿童的想象力和认知能力的产物。大多数儿童时期的恐惧尽管看上去千奇百怪，但都是正常和短暂的。这些特定阶段的恐惧会随着孩子每个阶段关注的问题的解决而逐渐消退，并不都需要爸爸妈妈帮助孩子处理和解决。只是由于每个孩子对恐惧的倾向和对恐惧强度的反应存在个体差异，因此有些孩子的恐惧反应会比别的孩子更加明显和强烈。例如在儿童医院的治疗室里，我们能看到有的孩子可以自己坐在座椅上让医生扎针，尽管疼得眼泪汪汪，也咬紧牙关不吭一声；有的孩子需要爸爸妈妈抱着头，不能看医生的手，一个劲儿地说着"医生轻点儿，轻点儿"；还有的孩子会在治疗室外面大哭大叫，拳打脚踢，死活不肯进去，好不容易被抱进去了也需要几个大人才能按住，完成治疗。

当孩子感到恐惧时，大多数爸爸妈妈会教育孩子要勇敢一点。可是，什么是勇敢？怎样做才是勇敢呢？孩子并不知道，也不会。爸爸妈妈只是空泛地不断给孩子重复"勇敢"这个词语，不作进一步解释，不教孩子具体的应对方式，孩子是无法变得勇敢起来的。一个挣扎着被众人抬进治疗室的孩子，如果爸爸妈妈只会吓唬、呵斥、责备，或是只会哄着说"你要做一个勇敢的孩子"，那孩子下一次大概率还是无法做到自己勇敢地走进治疗室。

我们都希望孩子能在童年时期就变得胆大心细、勇敢坚强、不怕困难，这样长大进入社会、面对更残酷的竞争和考验时，才能临危不惧、果敢向前。其实，要做到这一点并不难。孩子每一次产生恐惧的经历，对他都是一次很好的锻炼机会。大多数孩子在产生恐惧时，如果能够从爸爸妈妈那里得到足够多的理解与情感支持，是可以自己从游戏探索和日常学习中不断获得认知与情感技巧，能够独立且成功地处理和控制这些恐惧，慢慢变得勇敢起来的。但是孩子如果错过了因势利导的学习时机，或恐惧反应比较明显和强烈，则容易将恐惧固化，导致这些与成长相关的恐惧超过正常的持续时间，思维和行为变得更加僵化，害怕冒险和学习新事物，给正常的成长、生活和学习带来阻碍与困扰。

这一章的游戏可以帮助孩子学习准确地理解周围的世界，区分真实与想象的危险，练习利用正确的方法控制正常的恐惧，变得勇敢起来。经常玩一玩这些游戏，有助于孩子拥有更好的适龄应对技能，顺利度过每一个特定的恐惧阶段。

需要注意的是，认知发展延迟、有情感问题、害羞的孩子更容易感到恐惧，需要爸爸妈妈更多关注。恐惧可以习得，儿童正常的恐惧也会因为环境令人不安而被放大。如果爸爸妈妈或家里其他成年人是敏感且容易恐惧的，孩子往往会把各种令人恐慌的不确定因素放大，如同随时都会发生灾难一样。所以，安慰对于恐惧反应明显和强烈的孩子往往帮助不大，如果爸爸妈妈能给孩子提供足够的理解、支持、保护与可靠的指导，对孩子的帮助会更大。另外，孩子对恐惧的认知和感受会出现反复，如果在孩子已经有明显好转时，突然又出现症状加重的现象，这是正常的。爸爸妈妈的要求不应变化，带孩子坚持玩下去，会看到孩子又慢慢勇敢起来，而且坚持的时间会比上一次更长。

1. 迷你医院

这是一个场景模拟游戏，适用于3~6岁的孩子，让孩子扮演医生，爸爸妈妈扮演病人，模拟在医院中进行的各种医疗行为。经常让孩子玩一玩这个游戏，可以帮助孩子缓解对打针等医疗行为的恐惧。

游戏准备

1. **游戏重点**：让孩子熟悉医疗器械及其使用方法。
2. **游戏场地**：室内。
3. **道具**：无针注射器、听诊器等仿真医疗器械，消毒棉签，碘酊，创可贴。

怎么玩

基础版

1. 孩子坐在桌子后面，扮演医生。爸爸或妈妈坐在桌子对面，扮演病人。
2. 爸爸或妈妈假装自己的手受伤了，请医生检查手上假想的伤口。

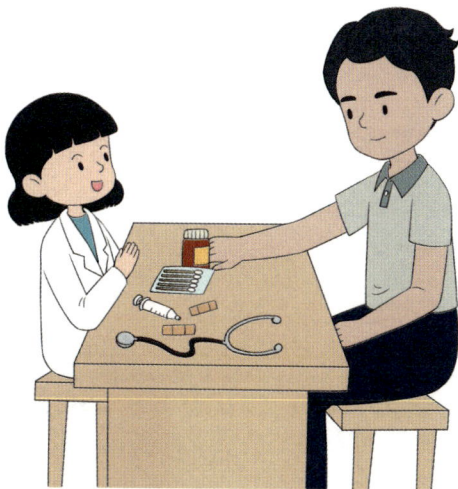

❸ 孩子给爸爸或妈妈先做检查，然后用消毒棉签蘸取碘酊进行消毒，再用无针注射器模拟给爸爸或妈妈打针。在模拟打针前，爸爸或妈妈要向孩子倾诉自己对打针、伤口等感到恐惧和痛苦，孩子需要用"只有一点疼，打完针就会好了"这类的话来宽慰爸爸或妈妈。

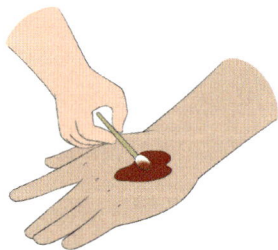

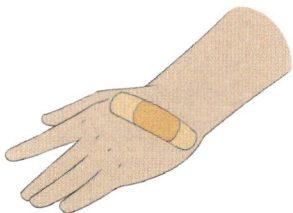

❹ 打完针后，孩子用创可贴给爸爸或妈妈包扎伤口。

进阶版

把注射器换成仿真牙医用具，孩子扮演牙医给爸爸或妈妈看牙。

注意事项

❶ "医生"一次只检查和治疗一个"病人"。

❷ 游戏结束后，爸爸妈妈一定要称赞孩子的细心和对医疗器械的正确使用，以及对打针和包扎的熟练操作。

❸ 多子女家庭可以让大孩子带着小孩子玩。

2. 上学去

　　这个游戏需要让孩子与玩偶模拟去上学的过程，适用于 3~6 岁的孩子。在孩子即将进入幼儿园或小学时，或是要给孩子转学以前，提前半年左右开始，每周让孩子玩一玩这个游戏，可以帮助孩子缓解上学后要与爸爸妈妈分离的恐惧，减少孩子在校门口哭闹的次数，同时减轻孩子哭闹的激烈程度。

游戏准备

① **游戏重点**：模拟在上学的途中，与"不想上学"的玩偶对话。

② **游戏场地**：不限。

③ **道具**：孩子喜欢的玩偶、书包、书本、学习用具等。

怎么玩

① 孩子扮演爸爸妈妈，玩偶扮演即将去上学的孩子。

② 让孩子给玩偶准备书本、学习用具等，然后把它们都装进书包。

❸ 让孩子模拟爸爸妈妈，对玩偶进行上学前的叮嘱。
爸爸妈妈可以引导孩子去模仿平时爸爸妈妈是怎
么叮嘱他的，参考如下。

　　书包收拾好了吗？

　　水杯带了吗？

　　…………

然后爸爸妈妈代替玩偶进行回答。

我不要去上学。

❹ 爸爸妈妈代替玩偶，用各
种理由来表示玩偶害怕与
"爸爸妈妈"分离，不想
去上学，参考如下。

　　我不要去上学。

　　你们都不上学，为什
么我要去？

　　我不想一个人去上学。

　　我不喜欢学校。

　　要在学校待一整天，
你们很晚才来接我。

　　…………

让孩子想办法说服玩偶。

注意事项

❶ 玩这个游戏时，爸爸妈妈可以用提问的方式引导孩子去思考，例如，如果玩偶要去上学，需要准备哪些东西？教孩子将这些话说给玩偶听。

❷ 当孩子说服玩偶的方式或理由有问题时，切记不要站在爸爸妈妈的立场斥责孩子，要以玩偶的角色进行引导。例如，如果孩子恐吓玩偶不去上学要挨打，爸爸妈妈可以说："挨打只会让我更害怕去上学。有没有让我不害怕，开心去上学的办法呀？"

3. 上学仪式 `3~6岁`

　　这个游戏需要爸爸妈妈帮助孩子设计一个每天去上学的仪式，还要假装带上各种对他有帮助的魔法工具。同前一个游戏一样，这个游戏也可以帮助孩子缓解进校门前的恐惧，适用于3~6岁的孩子。

游戏准备

① 游戏重点：上学前的仪式化行为。

② 游戏场地：家里和学校门口。

③ 道具：一个护身符或制作护身符的材料、一块小饼干。

怎么玩

① 爸爸妈妈和孩子一起，利用空余时间选择或制作一枚小小的"上学专用护身符"。护身符可以让孩子选择现成的物件充当，也可以自己任选材料设计、制作。

② 每天在孩子上学之前，进行以下上学仪式。

（1）出门前，爸爸妈妈郑重地把"上学专用护身符"别在孩子的书包上。

（2）爸爸妈妈送给孩子一块小饼干，告诉孩子这是一块魔法饼干，能赋予孩子神奇的力量，让孩子拿在手上或是放在书包里。

（3）到学校门口分别时，爸爸妈妈先让孩子吃掉魔法小饼干，然后带着孩子一起用力握紧右手拳头给自己打气，一起说："我不哭！我勇敢！我开心！"孩子如果不愿意在公众场合说话，可以由爸爸妈妈拥抱孩子，在孩子耳边轻声念："×××是勇敢的孩子！开心一整天！"说完再和孩子告别，让孩子进校门。

我不哭！我勇敢！我开心！

我不哭！我勇敢！我开心！

注意事项

❶ 在进行上学仪式时，爸爸妈妈要非常郑重，不可以笑场或敷衍。

❷ 除了小饼干，也可以选其他小物件作为给孩子提供勇气的魔法工具。

4. 丛林历险记 3~6岁

这个游戏适用于 3~6 岁的孩子，通过在黑暗的房间里玩探险游戏的方式来帮助怕黑的孩子，能够让他们从中学习到掌控恐惧的方法，逐渐摆脱对黑暗的恐惧。

游戏准备

❶ **游戏重点**：在黑暗的房间里玩探险游戏。

❷ **游戏场地**：室内。

❸ **道具**：一个护身符或制作护身符的材料、作为"宝藏"的物品若干。

怎么玩

❶ 爸爸妈妈和孩子一起在一个明亮的房间里制作好护身符，让孩子戴在身上。护身符可以让孩子选择现成的物件充当，也可以自己任选材料设计、制作。

❷ 选择家里另一个较大的房间，假装这里是一个洞穴或丛林，爸爸妈妈在房间里藏好作为"宝藏"的物品，然后关掉房间里的灯。

❸ 爸爸妈妈和孩子一起进入黑暗的房间，关上门，玩寻找宝藏的游戏。

注意事项

❶ 需要先把房间里尖锐、危险的物品收好，以免给孩子造成伤害。

❷ 除了游戏的房间保持黑暗，其他房间的灯可以开着。

❸ 刚开始玩这个游戏的时候，爸爸妈妈可以带着孩子一起进入黑暗的房间，及时给孩子提供鼓励和支持。等到孩子对黑暗的恐惧有所缓解后，爸爸妈妈就逐渐退出游戏，直至孩子可以一个人在黑暗的房间里玩耍。

❹ 多子女的家庭也可以让大孩子带着小孩子玩，但要提醒孩子们一定不可以在黑暗的房间里互相恐吓。

5. 远征梦之国

这是一个适合每天睡觉前玩的仪式类游戏，适用于 3~9 岁的孩子，对于刚开始和爸爸妈妈分房睡、独自入睡有困难或上床后一再起来要去找爸爸妈妈的孩子有很好的帮助。除了下面列出的仪式，有创意的孩子往往还会想出其他对自己有帮助的仪式。

游戏准备

❶ 游戏重点：利用象征勇气和安全的物品完成睡前仪式。

❷ 游戏场地：室内。

❸ 道具：一个手电筒、一根棍子。

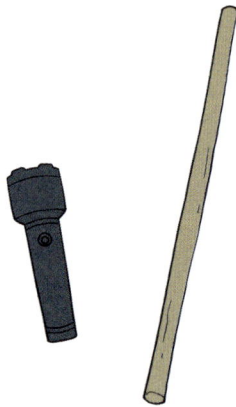

怎么玩

❶ 孩子躺到床上后，爸爸妈妈交给孩子一个"魔法手电筒"和一根"神奇魔法杖"，让孩子放在自己顺手的地方。

❷ 爸爸妈妈关上灯，告诉孩子他即将开始今晚的"远征梦之国"，不管在梦里去到什么样的地方，遇到什么困难，他都能够一一克服，取得胜利。

❸ 爸爸妈妈先在黑暗里和孩子一起小声唱一首"勇气之歌"，然后离开。"勇气之歌"由孩子自选喜欢的歌曲，不喜欢唱歌的孩子可以念下面的童谣。

勇士来啦，勇士来啦。

黑暗我不怕，怪兽我不怕。

×× 我不怕，×× 我不怕。（ ×× 处填孩子害怕的事物 ）

我会勇敢地打败它!

❹ 第二天早上，爸爸妈妈询问孩子昨晚入睡的冒险经历。

注意事项 ➤

❶ 对于刚开始和爸爸妈妈分房睡的孩子，爸爸妈妈可以陪伴一会儿，例如讲个故事以后再进行入睡仪式。

❷ 爸爸妈妈可以引导孩子自己去思考和发掘"魔法手电筒"和"神奇魔法杖"的作用。

❸ 第二天早晨询问孩子的冒险经历时，爸爸妈妈一定要对孩子的勇气和坚持给予肯定。

6. 魔法箱　3~12岁

　　这个游戏是让孩子打包象征着各种重要品质的物品，适用于 3~12 岁的孩子。在孩子要开始完成某项困难任务（例如去异地参加考试、比赛、夏令营，去旅行、游学等）时都可以先玩一玩这个游戏，能够帮助孩子拥有心理上的"力量之源"，更好地处理对未知事物的恐惧。

游戏准备

❶ 游戏重点：爸爸妈妈和孩子一起打包象征着各种重要的品质的物品。

❷ 游戏场地：室内。

❸ 道具：行李箱、水壶、玩偶、睡衣等各种出远门或完成任务需要的物品。

怎么玩

❶ 爸爸妈妈告诉孩子这个行李箱是一个魔法箱，要把各种对孩子有用的魔法物品装进去。

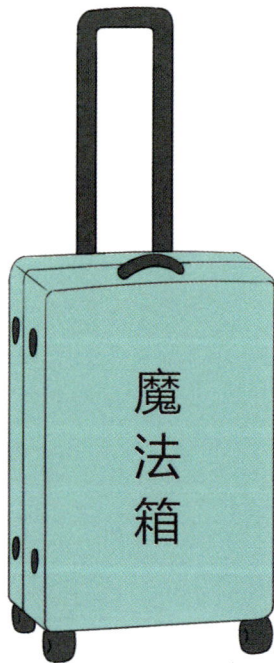

魔
法
箱

❷ 爸爸妈妈和孩子一起打包物品，帮助孩子给每件物品赋予如下象征意义。

一个装满勇气药水的水壶。

一个能带来好心情的玩偶。

一套穿上就能打败梦中大怪兽的力量战斗服（睡衣）。

…………

注意事项

❶ 对于 3~8 岁的儿童来说，物品太多的话会超出孩子的记忆与分辨范围，每次只需要选择几种孩子当时最需要的品质即可，由爸爸妈妈来给物品赋予象征意义。

❷ 对于 8~12 岁的孩子，爸爸妈妈可以让孩子尝试独立选择和打包能给自己带来力量的物品，自己给物品赋予象征意义。

7. 三个纸盘 3~12岁

这个游戏适合 3~12 岁的孩子在陷入各种恐惧的时候使用，可以让孩子在绘画和想象的过程中去思考如何面对、处理自己的恐惧，让自己放松下来，找回安全感。低龄的孩子可以和爸爸妈妈一起玩，大龄的孩子可以自己玩。

游戏准备

❶ **游戏重点**：让孩子画出让自己恐惧的事物或场景、解决方案和自己希望的克服恐惧后的场景。

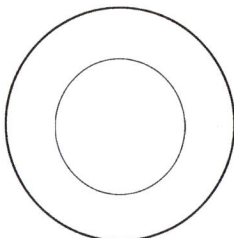

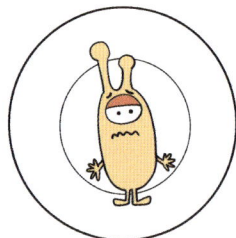

❷ **游戏场地**：安静、不受打扰的地方即可。

❸ **道具**：三个纸盘（大小不限）、彩色笔。

怎么玩

❶ 让孩子在第一个纸盘里画上让自己恐惧的事物或场景，例如住在黑暗的床底的怪兽。

❷ 爸爸妈妈和孩子一起讨论这只怪兽会害怕什么，让孩子在第二个纸盘里画出怪兽害怕的样子或场景。

❸ 把第三个纸盘放在前两个纸盘中间。

让自己恐惧的事物或场景   怪兽害怕的样子或场景

爸爸妈妈和孩子一起讨论需要做些什么，才能让怪兽从第一个纸盘上的样子变成第二个纸盘上的样子。请孩子把想到的解决方案画在第三个纸盘上。

然后孩子给爸爸妈妈解读画上的含义。低龄的孩子可以由爸爸妈妈提问来引导孩子解读，参考如下。

　　这块黑色的地方表示什么？（关注色块的形状与含义）

　　这里为什么换成了绿色？（关注颜色的变化与含义）

　　这里你画了好多很粗很大的 ×××，是什么意思呢？（关注线条的粗细、形状的含义）

　　这只怪兽是在发抖吗？他为什么会发抖呢？（关注图形的含义）

　　…………

年龄较大的孩子则可以尝试尽可能自己去解读画上的含义。

④ 把三个画好的纸盘挂在孩子经常能看到的地方，从左至右为第一个纸盘、第三个纸盘、第二个纸盘。

⑤ 第二周的同一时间，爸爸妈妈问孩子这只怪兽被他赶跑了没有。如果赶跑了，就把纸盘取下来；如果还没有赶跑，就和孩子一起讨论还需要做些什么，补充画在第三个纸盘上，或是重新画一个纸盘挂上，等到下一周再问。依此类推，直到孩子认为这只怪兽已经被赶跑了。

注意事项

❶ 用纸盘作画是为了增加这个游戏的趣味性，没有合适的纸盘时，用其他物品也可以。

❷ 如果孩子不愿意和爸爸妈妈一起玩这个游戏，可以自己玩，画上的含义只解读给自己听。

❸ 爸爸妈妈在看孩子画的画时，有不明白的地方可以追问是什么意思，但不可以批评责备孩子的解读。

8. 幻想旅行　6~12岁

这个游戏适用于 6~12 岁的孩子，在孩子遇到各种恐惧的时候都可以玩。爸爸妈妈引导孩子幻想自己在安全和舒适的环境当中旅行，通过持续的想象和感受，孩子能够更加容易探索和分享与旅行有关的情感和认知，这能帮助孩子放松和找回安全感。

游戏准备

❶ **游戏重点**：让孩子幻想自己在安全和舒适的环境中旅行。

❷ **游戏场地**：室内。

❸ **道具**：绘画纸、彩色笔。

怎么玩

❶ 让孩子描述一个令自己觉得舒服的场面，爸爸妈妈可以通过说下面的话引导孩子描述。

> 大多数人都有一个待着很舒服的地方，例如一个软软的沙发，一块开满野花的草地，或旅行中去过的某个地方。你最爱的地方是什么样的呢？

❷ 等孩子描述了最爱的地方后，爸爸妈妈继续引导孩子展开想象。

> 如果你愿意，可以想象我们一起去这个地方旅行，也可以想象自己一个人去旅行。如果你想开始这段旅行，请闭上眼睛。

❸ 在孩子闭上眼睛之后，爸爸妈妈向孩子提出如下帮助孩子展开想象的引导问题，让孩子回答。

　　你现在就来到了你最爱的地方，你看到了什么？看看你的上面（左边、右边、脚下、背后……），那里有什么？

　　你听到什么了？从哪里传来的？可能是什么声音？

　　你闻到什么了？为什么有这种气味呢？

　　摸一摸身边的物品，有什么感觉？

　　你在做什么呢？

　　你遇到了谁？他在做什么？说什么？

　　…………

爸爸妈妈根据孩子的想象随机提问，引导孩子继续想下去。

你看到了什么？

❹ 当孩子提出不想继续旅行时，爸爸妈妈可以说下面的话引导孩子停止想象。

　　看来，这个地方能够带给你力量。以后无论什么时候想给自己充电，都可以随时再到这里来。现在，请停止想象，睁开眼睛。

❺ 请孩子画一幅有关这次旅行的画，并且用自己当下的感受给这次旅行起一个名字，写在绘画纸上。（如果孩子不愿意画出幻想的场景，这一步可以省略）

注意事项

❶ 爸爸妈妈在引导孩子做幻想旅行时，请尽量用平静轻柔的语气，慢慢地诉说。

❷ 爸爸妈妈每次说完引导语后要留一些时间，让孩子可以利用自己的想象来丰富这次旅行的细节，更充分地去感受这次旅行。

9. 我是大英雄 3~6岁

这个游戏适用于 3~6 岁、不敢独自去卫生间上厕所的孩子。孩子在家里每次要上厕所之前都可以玩一玩这个游戏，让孩子模仿自己欣赏的英雄人物，并保持一段时间，孩子可以从中学习站在英雄人物的立场来看待自己遇到的问题，以正确的心态和方式去面对恐惧，掌控恐惧。

游戏准备

❶ **游戏重点**：让孩子模仿英雄的言行和思考方式。

❷ **游戏场地**：室内。

❸ **道具**：面具、帽子等装扮用的简单物品。

怎么玩

❶ 在孩子想上厕所之前，爸爸妈妈通过问以下问题引导孩子交流。

你最喜欢的英雄是谁？为什么喜欢他？

孙悟空。

你最喜欢的英雄是谁？

闭上眼睛，想象一下他现在的样子，看起来怎么样？他是怎么走路的？

去和你的英雄打个招呼。他要去卫生间了，他说什么了？和他握个手，现在你变成他了。

② 爸爸妈妈给孩子戴上帽子或面具，继续问以下问题引导孩子交流。

从现在开始，你就是英雄了。你准备怎么做？

这时，孩子通常会主动独自上厕所。

③ 等孩子从卫生间出来，告诉孩子游戏结束。

注意事项

① 如果低龄的孩子在模仿英雄后，依然要求爸爸妈妈陪同上厕所，可以用逐渐分离的方式：在刚开始时，可以打开门，看着孩子上厕所；过一段时间后，可以关上门，站在门口，不断和孩子说话；再过一段时间之后，可以关上门，站在门口，不说话。不要强硬地要求孩子一步到位。

② 等孩子在家里能够顺利地独自上厕所了，再去公共场所练习。

10. 呼神护卫

6~12岁

这个游戏适用于 6~12 岁的孩子，让孩子学习在遇到令人恐惧的事物时，利用想象帮助自己尽快冷静下来，以便寻求合适的解决方案。当爸爸妈妈发现孩子在一段时间里会为同一件事感到恐惧时，可以玩一玩这个游戏。

游戏准备

❶ **游戏重点**：让孩子想象一个能帮助自己的魔法兽的形象，在恐惧时召唤它。

❷ **游戏场地**：不限。

❸ **道具**：一个用作召唤仪式的物品，可以是现成的物品，也可以由孩子自己设计、制作。

怎么玩

第一次玩游戏时：

❶ 爸爸妈妈讲述以下内容，引导孩子想象属于自己的魔法兽的形象，并回答问题。

我们每个人心中都藏着一只能在危急时刻陪伴、帮助我们的魔法兽。它在我们遇到大的危险时会保护我们。

爸爸 / 妈妈的魔法兽是一只 × × ×（给孩子描述一只想象出来的魔法兽）。

你想知道你的魔法兽是什么样子的吗？请你闭上眼睛，去看一看你心里藏着的魔法兽。它是什么样子的？

2 爸爸妈妈通过问以下问题，引导孩子想象如何召唤魔法兽。

怎样做才能让魔法兽出现呢？

用什么物品来召唤它？

召唤语是什么？

需要做什么召唤动作吗？

…………

3 爸爸妈妈通过问以下问题，引导孩子想象如何让魔法兽离开。

魔法兽对你说了什么？

还需要它吗？不需要的话，就请它回去休息吧。

…………

从第二次玩游戏起，直接从下面的步骤开始：

爸爸妈妈通过问以下问题，引导孩子作答。

最近你感觉到害怕，感觉到有危险吗？是什么样的危险？

闭上眼睛，拿出你的召唤魔法兽神器，试试再次召唤你的魔法兽，它出来了吗？它对你说了什么？

现在你的危险警报解除了吗？还需要它吗？不需要的话，就请它回去休息吧。

…………

孩子心里想象的魔法兽

注意事项 让孩子想象魔法兽对自己说了什么时，爸爸妈妈可以适时追问，帮助孩子推进思考，直到出现一个好的解决方案。

11. 四格漫画 6~12岁

这个游戏和"三个纸盘"游戏类似，也是让孩子画出令自己恐惧的问题，以及解决问题的过程与结果。当 6~12 岁的孩子遇到各种令自己恐惧的问题时，除了玩"三个纸盘"游戏，也可以试一试玩这个游戏，能够帮助孩子梳理自己的思维与情绪，习得合适的解决方案。

游戏准备

❶ 游戏重点：让孩子画出令自己恐惧的问题，以及解决问题的过程与结果。

❷ 游戏场地：室内。

❸ 道具：绘图纸、彩色笔。

怎么玩

❶ 让孩子把一张绘画纸分成四格。

❷ 让孩子在第一个格子里画出自己面临的恐惧看上去是什么样子的。

❸ 让孩子在第二个格子里画出自己最喜欢的、能帮助自己解决问题的英雄形象。

❹ 请孩子想一想，英雄运用什么魔法能力，施加在第一个格子画的这个"恐惧"形象上，能够让"恐惧"形象变成孩子想要的样子，让孩子和它成为朋友，然后让孩子在第三个格子里画出英雄向"恐惧"形象施法的过程。

⑤ 让孩子在第四个格子里画出英雄施法完成后，"恐惧"形象变成了朋友的样子。

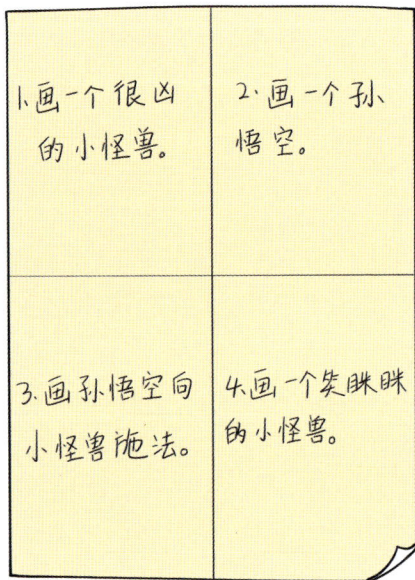

注意事项

❶ 如果孩子在画令自己恐惧的问题时无法画出具体的形象，可以让孩子运用颜色、形状、大小等来描绘。

❷ 在孩子画第四个格子时，爸爸妈妈需要关注"恐惧"形象的变化是否明显。如果"恐惧"形象变化明显，则游戏结束；如果变化不明显，爸爸妈妈可以引导孩子继续思考其他更强的魔法能力，重新画第三个和第四个格子。

❸ 孩子如果不愿意和爸爸妈妈一起玩这个游戏，也可以自己玩。

第四章
放松下来，从容一点
—— 关于"紧张和焦虑"的游戏

Chapter 04

孩子过度关注与害怕考试会紧张和焦虑；刚到陌生的地方见到陌生人会紧张和焦虑；没有完成作业看到老师会紧张和焦虑……这些都是正常的针对压力源的反应，也是孩子成长过程中的自然现象。这一章里都是帮助孩子学习如何自我消除紧张状态、让自己放松下来的游戏。多玩一玩这些游戏可以帮助孩子缩短紧张和焦虑的时间，减轻持续的紧张和焦虑对孩子学习和生活的影响，让孩子变得更加松弛和从容。

　　彤彤是个很细心的孩子。每天出门前，他都会提醒爸爸妈妈检查家里的水电气、门窗关好了没。在学校里，彤彤是老师的得力小助手，把班级的卫生、内务管理得井井有条。他平时学习并不吃力，成绩也能保持在中上水平。可是不知道为什么，每至期末大考，彤彤进考场都会紧张，随后一定考砸，无论爸爸妈妈和老师怎么开解，怎么强调不用那么在乎一场考试，对彤彤来说都没有用。随着学习任务的增加，彤彤的情况一年比一年严重，到了五年级，他甚至会因为考试紧张到连续几天失眠，进考场后小脸通红，心跳加速，身体僵硬，脑子里一片空白。这让爸爸妈妈很是无奈，彤彤自己也很难受。

　　孩子过度关注与害怕考试会紧张和焦虑；刚到陌生的地方见到陌生人会紧张和焦虑；没有完成作业看到老师会紧张和焦虑……这些都是正常的针对压力源的反应，也是孩子成长过程中的自然现象。通常，这种紧张和焦虑是暂时性的，很多孩子都能在爸爸妈妈和老师的帮助下正确应对，慢慢改善。但是有的孩子的自我调节能力较弱，紧张和焦虑的状态持续时间会更长，进而严重影响到正常的学习与生活，例如有的孩子已经上小学了，因为容易紧张和焦虑，无法很好地控制自己的身体，所以还会持续尿床。这时候，就需要爸爸妈妈给孩子提供更多的关注和帮助，甚至需要专业的心理治疗师的介入。

　　其实遇到事情会紧张和焦虑并不完全是坏事。例如，四年级的孩子要在周五参加研学活动——厨艺大比拼，大家可以准备好半成品的食材带到学校，在活动时间内完成最后的制作。当天早晨，所有的孩子都早早来到学校，洗菜切菜，摆摊布置，忙得不亦乐乎，就连一个平时每天都会迟到的孩子也难得准时了一次。这个孩子的妈妈告诉我，孩子平时起床需要反复催促，最后非得等自己发脾气了才慢吞吞地起床，可在研学活动当天的早晨五点多，孩子就自己起床炸丸子，还嫌爸爸妈妈起床晚了。这样的场景会在很多家庭中出现。很多爸爸妈妈都说，早晨要叫孩子准时起床上学是件挺困难的事，尤其是孩子刚进入小学的时候。但是一旦遇到学校举行活动，孩子不需要人喊就能自己起床，甚至有的孩子后半夜还失眠。

紧张和焦虑是有效的反应方式，是应付外界刺激和困难的一种准备。适度的紧张、偶尔的焦虑能够让人的精神处于高度准备状态，肉体对外界事物的反应也会增强，对应付之后瞬息万变的事务有正向积极的作用。不仅是孩子，成人在有重要事务时，一样也会紧张和焦虑，这促使我们更认真、更仔细地去思考和处理即将面临的问题。所以爸爸妈妈真正需要警惕和关注的，不是孩子会紧张和焦虑，而应该是孩子的紧张和焦虑持续时间是不是过长，是不是影响了孩子的正常学习和生活。

这一章里都是帮助孩子学习如何自我消除紧张状态、让自己放松下来的游戏。在孩子紧张和焦虑时，爸爸妈妈如果只和孩子说"放松下来""不要紧张"这一类的话，还不如带着孩子做几次深呼吸的效果好。孩子需要的是步骤更详细、目的更明确的行为方式的指导。这一章游戏的目的是要让孩子在不逃避现实困难的同时，以更为灵活和开放的心态去面对和解决问题，让内心松弛下来。

需要注意的是，紧张和焦虑同恐惧一样，也是可以习得的。如果爸爸妈妈长时间处于紧张和焦虑的状态，孩子就会将同样的情况放大呈现。敏感、内向的孩子更容易遇事紧张和焦虑，需要爸爸妈妈更多的关注和帮助。如果孩子遇事很容易紧张，偶尔会焦虑到失眠，但是随着压力源事件的消失，紧张和焦虑能慢慢消退，这就属于正常情况。爸爸妈妈带着孩子多玩一玩本章的游戏可以帮助孩子缩短紧张和焦虑的时间，减轻持续紧张和焦虑对孩子学习和生活的影响，让孩子变得更加松弛和从容。但是如果孩子在没有具体压力源事件时，也担心可能会发生不好的事，什么都往坏处想，长时间控制不住心烦意乱，或总是怀疑自己会紧张和焦虑是身体有问题，又或是产生了自伤的念头或行为，爸爸妈妈必须带孩子立刻就医，让专业的心理医生介入诊治。

1. 猩猩之舞 3~8岁

这是一个适合 3~8 岁的孩子在考试、比赛或表演之前玩一玩的游戏。一段 3~5 分钟的充满力量的舞蹈能够帮助孩子快速消除焦虑和紧张的感觉，让他们镇定下来。这个游戏除了单独玩，也可以作为本章其他游戏的准备游戏使用。

游戏准备

① 游戏重点：模仿猩猩的一些动作，配合音乐舞动。

② 游戏场地：室内。

③ 道具：一段猩猩发怒的视频，播放视频的物品（如手机、计算机等）。

怎么玩

① 爸爸妈妈给孩子看一段猩猩发怒的视频，也可以由爸爸妈妈来模仿猩猩，做出嚎叫、用力踩踏地面、愤怒地巡视周围、双手交替捶打胸部等动作。

❷ 爸爸妈妈告诉孩子，他在跳舞的过程中不会被其他人看见，可以配合音乐做出任何动作与表情。

❸ 爸爸妈妈播放音乐，让孩子疯狂舞动，做出各种夸张的表情，直至音乐结束。

注意事项

❶ 在孩子舞动的时候，爸爸妈妈是否要在场陪伴要遵从孩子的意愿。

❷ 爸爸妈妈如果被孩子邀请在场，最好跟孩子一起舞动，不能对孩子的表现做出任何负面评价。

❸ 尽量选择没有歌词、节奏强烈的音乐，例如摇滚乐、电子音乐（电音）等。

❹ 多子女的家庭可以让愿意参加的孩子一起玩。

2. 美好的世界 8-12岁

这也是一个利用音乐安抚孩子、帮助孩子放松下来的游戏，适用于 8~12 岁的孩子。与"猩猩之舞"不同的是，这个游戏更安静和柔和，更适合性格较为内向、害羞的孩子，在人多的地方或公共场合也可以玩。

游戏准备

❶ 游戏重点：让孩子小声哼唱，同时触摸身体或是周围环境中的物品。

❷ 游戏场地：不限。

❸ 道具：无。

怎么玩

❶ 爸爸妈妈让孩子选自己喜欢的歌唱一次，要求孩子小声哼唱，声音要越来越小，尽量只让自己听见。

❷ 爸爸妈妈让孩子哼唱第二次，一边唱一边轻轻抚摸自己身体的不同部位，例如脸颊、耳朵、胳膊、腿、脚等。

❸ 爸爸妈妈让孩子哼唱第三次，一边唱一边触摸身边的墙壁、地板或其他物品。

注意事项

❶ 孩子可以哼唱同一首歌，也可以哼唱不同的歌。在哼唱时，孩子的声音要尽可能地小，只让自己听见。

❷ 哼唱多长时间由孩子自己决定。

❸ 尽量选择舒缓、轻柔、令人愉悦的歌曲。

3. 敲敲敲

3~12岁

这个游戏适用于 3~12 岁的孩子。陷入紧张和焦虑状态的孩子很容易全身僵硬，这时候玩一玩这个游戏能够帮助孩子快速放松肌肉和精神，让孩子重新体会到清醒、愉悦的身体感受。

游戏准备

① 游戏重点：让孩子轻轻敲打自己的身体。

② 游戏场地：不限。

③ 道具：播放音乐的物品、计时工具。

怎么玩

① 播放舒缓、轻柔的音乐，爸爸妈妈引导孩子闭上眼睛，跟着音乐的节奏做 5 次缓慢的深呼吸。

② 孩子将双手握成空心的拳头，轻轻敲击头部和面部一分钟。

③ 按照从上到下的顺序，孩子轻轻敲击左臂和右臂一分钟。

117

❹　孩子轻轻敲击躯干一
分钟。

❺　孩子轻轻敲击左腿
和右腿一分钟。

❻　孩子轻轻敲击左脚底和右脚底一分钟。

**注意
事项**

❶　玩这个游戏时最好不穿鞋。

❷　年龄小的孩子在第一次玩的时候，爸爸妈妈需要先引导孩子体会
轻轻敲是用多大的力度。

❸　每次敲击的时间要控制在一分钟左右，每敲击完一个一分钟，要
休息 10 秒钟，音乐不用停止。

❹　游戏结束后，爸爸妈妈可以问问孩子的感受。

❺　多子女的家庭可以让愿意参加的孩子一起玩。

4. 游戏钱箱

这是一个挑战类的游戏，适用于 4~8 岁的孩子。孩子在完成了挑战后，可以获得一笔奖励基金；如果孩子没有完成挑战，则将失去一笔。每天玩一次这个游戏，能够帮助孩子努力去控制自己的身体与行为，尤其对因为紧张和失控而经常尿床的孩子非常有效。

游戏准备

① 游戏重点：每天晚上，爸爸妈妈与孩子打赌第二天床会是干的还是湿的，赢了的人可以获得奖励基金。

② 游戏场地：室内。

③ 道具：几个小纸箱，装饰用的物品，若干写有 1 元、2 元、5 元的小纸片，作为游戏币。

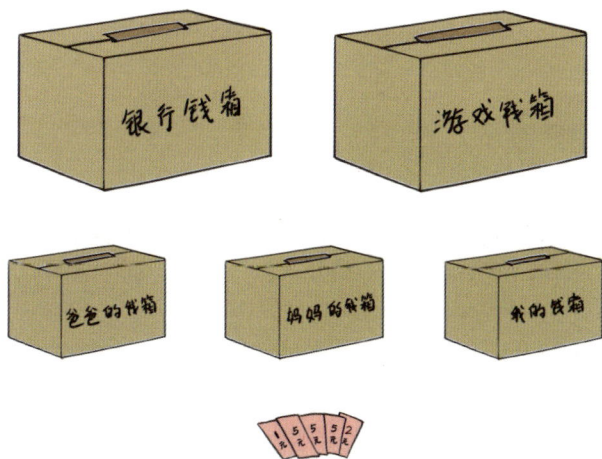

怎么玩

❶ 全家人一起将几个小纸箱设计、制作成一个"银行钱箱"、一个"游戏钱箱"和每人一个的"个人钱箱"。

❷ 每周一，全家人一起商定本周内用于打赌的游戏币金额，每天的游戏币金额要一样多。然后爸爸妈妈在"银行钱箱"里放入够全家人这一周使用的游戏币，参考如下。

每人每天 5 元，家里一共 3 个人，"银行钱箱"里就放入 21 张 5 元的游戏币。

❸ 每天睡觉前，每个人分别从"银行钱箱"里拿出今天的一份游戏币，打赌孩子第二天的床会是干的还是湿的，然后把各自的赌注放在"游戏钱箱"里。

④ 第二天，打赌赢了的人拿走"游戏钱箱"里的游戏币，放到自己的"个人钱箱"里。

我赢了！

游戏钱箱

我的钱箱

⑤ 等到周末时，孩子将"个人钱箱"里的游戏币交给爸爸妈妈，兑换成真正的零花钱。

注意事项

❶ 每天晚上，爸爸妈妈要求孩子完成洗漱、上完厕所后，不要再喝水。全家人一起在孩子房间进行一次游戏。

❷ 注意要让会尿床的孩子先选择第二天床会是干的还是湿的，然后其他人都要选择和孩子相反的选项。

❸ 多子女的家庭可以让愿意参加的孩子一起玩。

5. 烦恼甩甩甩 6-12岁

这个游戏适用于 6~12 岁的孩子，爸爸妈妈让孩子将装有"忘忧卡"的盒子绑在腰间，通过摇、跳、扭等方式，将"忘忧卡"甩出去。这个游戏在任何时候都可以玩一玩，能够帮助孩子在运动的过程中释放压力，缓解紧张和焦虑。

游戏准备

① **游戏重点**：让孩子在小纸卡上写下自己的烦恼，装在盒子里，再做运动把小纸卡甩出去。

② **游戏场地**：不限。

③ **道具**：小纸卡若干、一支笔、一个有开口的小盒子、一根绳子。

怎么玩

① 爸爸妈妈让孩子在小纸卡上写下自己的烦恼，制作成"忘忧卡"。一张小纸卡上只写一个烦恼。

❷ 让孩子将"忘忧卡"装进一个有开口的小盒子里，再把小盒子绑在腰间，开口向上。

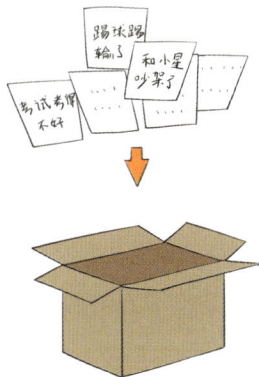

❸ 孩子用摇、跳、扭等各种方式，努力将"忘忧卡"从盒子里甩出去。

❹ 游戏结束后，爸爸妈妈让孩子捡回所有"忘忧卡"，将其剪碎后扔进垃圾桶。

注意事项

❶ 盒子的开口大小要适中，比一张"忘忧卡"略大一些。

❷ 在孩子玩的时候可以配合节奏欢快的音乐，增加游戏的趣味性，也可以没有音乐。

❸ 多子女的家庭可以让愿意参加的孩子一起玩。

6. 烦恼气球

8~12岁

这个游戏一直深受 8~12 岁的大孩子的喜欢。让孩子去踩破别人拴在脚踝上的气球，能够让他们在欢乐的游戏氛围中缓解紧张和焦虑。这个游戏的竞技性较强，孩子既可以和爸爸妈妈一起玩，也可以在聚会时和小伙伴一起玩。在孩子学习或是生活压力较大的时候，例如考试前、开学前、重要的比赛前，可以多玩一玩这个游戏。

游戏准备

① 游戏重点：踩破对方的气球。

② 游戏场地：较为空旷的地方。

③ 道具：粉笔、气球、细绳、马克笔。

怎么玩

① 选出一个人当口令员，其他人为游戏的参与者。

② 根据参与游戏的人数，用粉笔在地上画出一个直径 3~5 米的圆圈。人少，圆圈就画得小一点；人多，圆圈就画得大一点。

3~5 米

③ 每人吹胀一个气球，在气球上写下自己的烦恼。

考试没考好

加班太多了

和同学吵架了

大家互相交换气球，保证每个人拿到的都是别人的气球。

每个人用细绳把气球拴在一只脚的脚踝上。

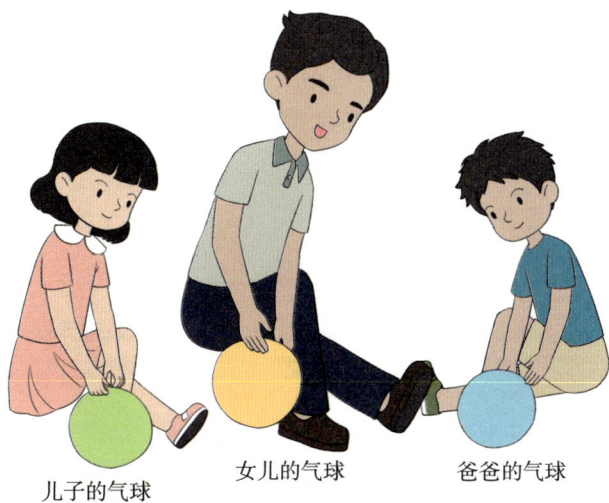

儿子的气球

女儿的气球

爸爸的气球

125

④ 所有参与游戏的人进到圆圈里，听到口令员喊"开始！"后，把双手背在背后，去踩别人的气球。

⑤ 被踩破气球的人和在玩游戏过程中跑出圆圈的人判定为失败，到圆圈外等候。圆圈里最后剩下一个气球没破的人获得胜利。

⑥ 获得胜利的人取下气球，交给在这个气球上写字的人，让他踩破气球。

注意事项

❶ 爸爸妈妈在游戏开始前要提醒孩子注意安全，不可以推、拉别人或是故意踩别人的脚，参与游戏的人最好穿软底运动鞋。

❷ 在玩游戏过程中，参与游戏的人双手需要一直背在身后，要让孩子努力去控制运动时的身体平衡。

❸ 多子女的家庭可以让愿意参加的孩子一起玩。

7. 有什么不一样   3~6岁

这个游戏适用于 3~6 岁的孩子，能够让进入新环境的孩子把注意力从对自己紧张情绪的关注转移到对新环境的关注上来。当爸爸妈妈每次需要带孩子去一个新的地方时都可以玩一玩这个游戏，对于面对陌生人和陌生环境特别容易紧张的孩子会有帮助。

游戏准备

❶ 游戏重点：让孩子找出新环境里和自己平时知道的不一样的事物。

❷ 游戏场地：不限。

❸ 道具：无。

怎么玩

❶ 爸爸妈妈提前告诉孩子要去哪里，向孩子简单描述这个地方的大致环境后，告诉孩子到了以后会一起玩这个游戏，参考如下。

> 我们快到达 ××× 购物中心了，那里有很多小商店。到了以后，我们一起来玩"有什么不一样"这个游戏。

❷ 到达新环境时，爸爸妈妈告诉孩子游戏开始，然后和孩子一起边拍手边念口令，让孩子去找新环境里有什么他觉得和自己平时知道的不一样的、有趣的或特殊的事物。口令如下。

> 你拍一，我拍一，这里有一个 ×××。
>
> 你拍二，我拍二，还有一个 ×××。
>
> 你拍三，我拍三，又找到一个 ×××。
>
> …………

注意事项

❶ 游戏什么时候结束由孩子的情况决定。通常在找到三四个事物后，大多数孩子的紧张情绪就能得到缓解，但也有需要拍手更久的特例。

❷ 不管孩子找到的是什么，爸爸妈妈不需要去评价，只需要引导孩子去发现，陪着孩子继续玩就可以。

❸ 不管环境是否喧闹，爸爸妈妈都尽量选择在墙角、走廊边这类地方带孩子进行游戏。

❹ 爸爸妈妈注意提醒孩子在公众场合玩游戏时的安全和礼貌，例如去电影院，熄灯开场后不可以再玩。

❺ 多子女的家庭可以让愿意参加的孩子一起玩。

8. 驯服小怪兽

　　这个游戏适用于 3~8 岁的孩子，要让孩子把令自己紧张和焦虑的问题外化成小怪兽的形象绘制出来，然后利用一个仪式把这个小怪兽驯服。容易紧张焦虑到晚上经常做噩梦的孩子在每次噩梦后都玩一玩这个游戏，做噩梦的次数会慢慢变少。

游戏准备

① **游戏重点**：让孩子绘制小怪兽，并利用一个仪式驯服它。

② **游戏场地**：室内。

③ **道具**：纸卡、彩色笔、一个坚固的盒子、装饰盒子的材料、一块石头、一根捆盒子的绳子。

怎么玩

① 爸爸妈妈告诉孩子，做噩梦是因为一个叫"讨厌鬼"的小怪兽白天被困住了，没有玩够，所以才会晚上出来变着花样骚扰小朋友。如果小怪兽白天玩得足够开心，晚上就不会来。

② 让孩子把晚上来骚扰自己的小怪兽画在纸卡上。

❸ 全家人一起利用盒
子、绳子、装饰材料
等制作一个"小怪兽
之家"，要比纸卡大。

❹ 每天晚上孩子临睡前，爸爸妈妈和孩子一起把画有小怪兽的纸卡放到盒子里
关起来，用绳子把盒子捆绑起来，在盒子上压上一块石头，然后把它放到孩
子卧室外面的某处。

⑤ 第二天早晨，孩子一起床就要和爸爸妈妈一起去把盒子打开，让小怪兽白天可以好好玩耍。等到晚上再把小怪兽关起来。

⑥ 如果孩子晚上继续做噩梦，遇到新版本的小怪兽，爸爸妈妈也要求孩子把它画出来，继续重复步骤 ④ 和步骤 ⑤。

注意事项

❶ 一张纸卡上只画一只小怪兽。

❷ 每画一只小怪兽，放进盒子里捆绑好后，爸爸妈妈都要引导孩子说一说这只小怪兽是怎么被他关起来的。

❸ 当孩子遇到了新的小怪兽时，爸爸妈妈要祝贺孩子有了新发现，并且赞扬孩子能够自己把小怪兽关起来。如果爸爸妈妈能给孩子准备一些"狩猎证书"，孩子每抓住一只小怪兽就能得到一张"狩猎证书"，那效果会更好。

❹ 多子女的家庭可以让愿意参加的孩子一起玩。

9. 我不行恐龙 8~12岁

这个游戏适用于 8~12 岁的孩子，让孩子面对爸爸妈妈扮演的代表内心消极想法和积极想法的角色，去练习无视或反驳消极的声音，将支持和鼓励的声音放大。在孩子因为面临考试或重大活动而变得紧张和焦虑不安时，可以多玩一玩这个游戏。

游戏准备

❶ 游戏重点：让孩子练习无视或是反驳消极的声音，放大支持和鼓励的声音。

❷ 游戏场地：室内。

❸ 道具：一只玩具恐龙。

怎么玩

❶ 爸爸妈妈一人拿着恐龙，扮演消极的"我不行恐龙"角色，另一人扮演负责给孩子提供支持和给予鼓励的"啦啦队队员"角色。

❷ "我不行恐龙"在孩子面前大声喊出孩子当时可能有的各种消极想法，参考如下。

放弃吧，你不行的！

你太笨了，这些题你肯定不会做。

我要偷走你考试时的勇气，你考试肯定考不过。

你总是什么都做不好，同学们都不愿意和你一起玩。

⋯⋯⋯⋯

❸ "我不行恐龙"每说一句，孩子可以选择无视或反驳一句，参考如下。

我才不要听你的话。

你说什么我都无所谓。

我会认真做，我可以做到的。

我很棒，我会坚持住。

…………

放弃吧，你不行的！

我很棒，我会坚持住。

④ "啦啦队队员"在旁边择机喊出一些令人鼓舞的词句，参考如下。

对，别听他的，相信自己。

加油！加油！

你可以的，我们相信你。

…………

注意事项

❶ 爸爸妈妈要留心观察孩子对什么样的消极声音反应最激烈或最沮丧，每当这种时候"啦啦队队员"需要迅速登场，帮助孩子放大支持和鼓励的声音。

❷ 在孩子学会如何正确应对消极的声音后，爸爸妈妈可以让孩子每天记录一下什么时候出现了这样的声音，他是怎样降低消极声音的音量，放大积极声音的音量的。

❸ 没有玩具恐龙的话，可以换成别的玩偶。

❹ 多子女的家庭可以让愿意参加的孩子一起玩，轮流扮演"我不行恐龙"或者"啦啦队队员"。

10. 说唱团 6~12岁

这个游戏适用于 6~12 岁的孩子，在孩子情绪低落、郁郁寡欢时可以玩一玩。让孩子把内心的消极声音大声地说唱出来，对长期情绪消沉焦虑、自我认知软弱无助的孩子往往有强烈的激励作用。喜欢音乐、节奏感强的孩子玩这个游戏会玩得很开心，能够自发地发出积极的声音，疏远内心消极偏颇的声音。

游戏准备

❶ **游戏重点**：让孩子把内心的消极声音大声地说唱出来，然后用积极的声音去反驳。

❷ **游戏场地**：室内。

❸ **道具**：能制造节奏、音乐或是播放音乐的物品，例如乐器、手机、计算机、音响设备等。

怎么玩

❶ 当孩子紧皱眉头、郁郁寡欢时，爸爸妈妈请去了解孩子在担忧什么。

❷ 根据孩子的描述，让孩子小声念出内心的消极声音，参考如下。

　　我做不到，我做不到，我做不到。

　　我不会，我不会，我不会。

　　我不行，我不行，我不行。

　　…………

❸ 让孩子重复这个句子，越念越大声，然后用手打拍子，带着节奏念。

④　加入孩子喜欢的音乐，让孩子自由发挥。

可以，可以，我可以做到！

注意事项

❶　加入的音乐最好是孩子喜欢的歌曲的伴奏，要节奏欢快的，不能有歌词。

❷　爸爸妈妈需要耐心地等待，尽量让孩子自己发出积极的声音。正常情况下，孩子过一会儿就会即兴创作，把歌词变成类似这样的句子："可以，可以，我可以做到！"

❸　如果超过三分钟，孩子还是处于沮丧的状态，不能自发地发出积极的声音，就要让孩子停下来，然后爸爸妈妈陪着孩子一起直接唱积极的词句。

11. 牵线木偶 3~8岁

这个游戏适用于 3~8 岁的孩子，爸爸妈妈要让孩子用或快或慢的速度完成一些动作指令，能够帮助孩子学习更好地感知和控制自己的身体，快速放松下来。它尤其适合习惯性紧张到肌肉僵硬、不容易控制好四肢的运动、会不自觉抖动或抽动的孩子。爸爸妈妈可以根据孩子的兴趣，每周玩 1~5 次。

游戏准备

❶ 游戏重点：让孩子用或快或慢的速度完成动作指令。

❷ 游戏场地：室内。

❸ 道具：无。

怎么玩

❶ 让孩子蹦蹦跳跳地从房间的一头跳到另一头。

❷ 爸爸妈妈拍一下孩子的右肩，让孩子用像机器人一样慢的速度再跳一次。

❸ 爸爸妈妈告诉孩子他的左肩上有一个"快"开关，右肩上有一个"慢"开关，只要轻轻拍一下，他就能从一种速度转换到另一种速度。例如爸爸妈妈喊"蹲下"，同时拍孩子的左肩，孩子就迅速蹲下；如果拍右肩，孩子就慢慢蹲下。

慢　　快

④ 爸爸妈妈喊出动作指令的同时拍孩子的左肩或右肩，让孩子按照动作指令和速度来做动作。

动作指令举例：蹲下、起立、踮起脚尖、坐下、向右转、举左手、摸脚背、开合跳、后踢腿跑、高抬腿跑、扩胸运动、蹲起跳，等等。

> 后踢腿跑。

注意事项

① 爸爸妈妈要根据孩子的年龄来选择做的动作。年龄小的孩子可以做一些简单的动作，年龄大的孩子可以做一些更复杂的全身组合动作。

② 多子女的家庭可以让愿意参加的孩子一起玩，但爸爸妈妈要注意引导孩子不要产生竞争和对抗的心态。

③ 爸爸妈妈可以交替拍孩子的左肩和右肩，让孩子一会儿用快的速度做动作，一会儿用慢的速度做动作。

12. 愿望清单 8~12岁

这个游戏适用于 8~12 岁的孩子，能够帮助孩子梳理自己短期的生活或学习目标（例如要参加某个比赛、某个活动、某个考试等）、达成途径与帮助需求，从而获得对自我的掌控感，缓解对未知与困难的紧张与焦虑。爸爸妈妈可以带着孩子每周或是每月玩一次这个游戏。

游戏准备

1 **游戏重点**：让孩子梳理自己的短期目标、达成途径与帮助需求。

2 **游戏场地**：不限。

3 **道具**：绘画纸、彩色笔。

怎么玩

1 让孩子在绘画纸最左侧画一个小人，代表自己。

2 让孩子在绘画纸最右侧画一个大的愿望圆圈，在愿望圆圈里画出这周（月）的愿望。

3 让孩子在小人和愿望圆圈中间画小的途径圆圈，在途径圆圈里画出要达成愿望都需要些什么，每个途径圆圈里只画一种事物或一个场景。

❹　按"小人→途径圆圈→愿望圆圈"的顺序，用箭头连线。

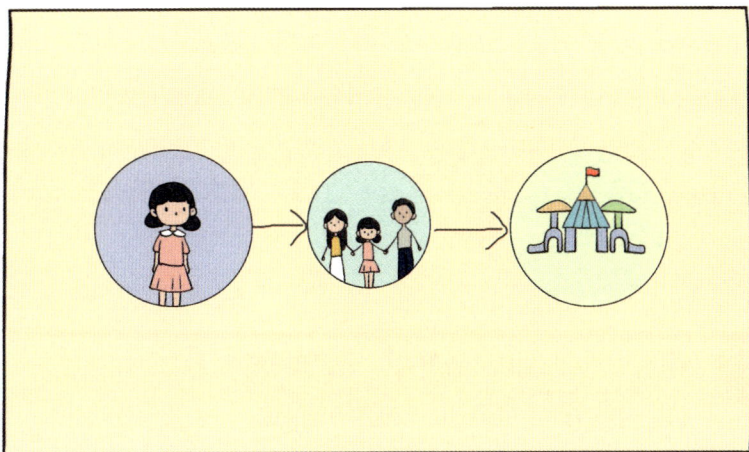

注意事项

❶　途径圆圈要画在小人和愿望圆圈的中间，排列整齐一点更好。

❷　如果爸爸妈妈看不懂孩子画的是什么，可以提问，引导孩子一项一项地说，但是一定不要加以评判，表扬或批评都不可以。

❸　如果觉得孩子提出的愿望不合理，爸爸妈妈可以拒绝，但要注意不要只是指责"这个愿望不合理"，一定要讲清楚拒绝的原因。同理，如果孩子希望爸爸妈妈提供的帮助爸爸妈妈无法做到，也可以直接告诉孩子无法做到的原因或只能给孩子提供怎样的帮助。

13. 开火车 3~6岁

这个游戏适用于3~6岁的孩子，与"牵线木偶"游戏一样，也能帮助孩子学习如何更好地感知和控制自己的身体。年龄较小的孩子更加适合玩这个游戏，尤其是习惯性紧张到肌肉僵硬、不容易控制好四肢的运动、会不自觉抖动或抽动的孩子，每周可以根据孩子的兴趣玩1~5次。

游戏准备

❶ 游戏重点：让孩子根据口令及时调整动作。

❷ 游戏场地：安静的、较为空旷的地方。

❸ 道具：用来标示游戏活动范围的物品，例如粉笔、绳子等。

怎么玩

基础版

❶ 告诉孩子下面每个口令对应的要求。

（1）开车：开始慢速奔跑。

（2）停车：停止奔跑，原地站住。

（3）加速一挡：跑步速度加快一点。

（4）加速二挡：跑步速度再加快一点。

（5）减速一挡：跑步速度减慢一点。

（6）减速二挡：跑步速度再减慢一点。

❷ 爸爸妈妈用粉笔或绳子画（围）出游戏的活动范围。

❸ 让孩子模拟火车，尽可能地用最快的速度绕着游戏活动范围的边界跑圈。

停车！

❹ 等孩子跑几圈后，爸爸妈妈喊："停车！"孩子就停下来。

❺ 爸爸妈妈开始通过变换口令控制孩子的跑圈速度，让孩子尽可能根据口令迅速地调整运动状态。

开车！

进阶版

增加一块垫子作为道具，放在游戏场地的中央。

在玩基础版游戏的过程中增加下面 6 种口令。

（1）检修刹车：孩子躺到垫子上，双腿抬起，做快速蹬车的动作。

（2）刹车一级：爸爸妈妈紧紧抓住孩子的双腿，让孩子在控制下继续用力蹬腿。

（3）刹车二级：孩子蹬腿力度不变，爸爸妈妈增强控制孩子双腿的力度。

检修刹车！

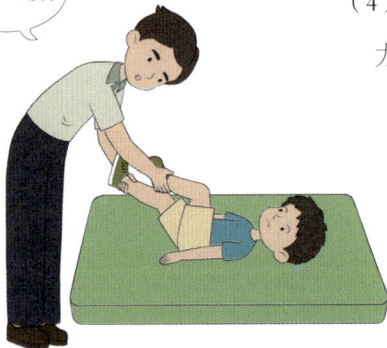

刹车一级！

（4）刹车放气：爸爸妈妈降低对孩子双腿的控制力度，孩子慢慢减小蹬腿力度。

（5）再放一点：爸爸妈妈继续降低对孩子双腿的控制力度，孩子继续减小蹬腿力度。

（6）检修完成：爸爸妈妈放开孩子双腿，孩子停止蹬腿，从垫子上起身。

注意事项

❶ 游戏的场地最好是安静和空旷的，以免分散孩子的注意力。场地内不要有过多的物品，尤其是尖锐的物品，以免孩子不慎摔倒受伤。

❷ 在玩进阶版时，最好由爸爸来控制孩子的腿，不需要控制到孩子完全蹬不动了，让孩子体会到自己在非常用力即可。

14. 感觉良好计划

8-12岁

　　这个游戏是让爸爸妈妈和孩子在每周的家庭会议上一起来制订计划，适用于8~12岁的孩子。通常，日程表安排得满满的孩子很难静下心来体会生命与生活的美好，会更容易焦虑和紧张。如果能够预留出一点全家人一起享受快乐的时间，就有利于在家庭里营造出从容放松的氛围。

游戏准备

❶ 游戏重点：全家人一起制订下一周里能让家庭感觉良好的计划，并执行。

❷ 游戏场地：室内。

❸ 道具：绘画纸、彩色笔。

怎么玩

❶ 全家人一起设计、绘制下一周的家庭计划。

❷ 全家人一起商议在这个计划里，可以在什么时间、什么地点增加能让大家都少点压力、多点快乐的活动。参考如下。

周六晚饭后，全家一起去看一场电影。

周三晚饭后，全家一起听一小时的音乐。

143

周六晚饭后，全家一起去看一场电影。

周三晚饭后，全家一起听一小时的音乐。

周日上午 9:00~11:00 为"懒惰时间"，允许每个人不被打扰地做自己想做的事。

每天早晨起床后，每个人可以在床上蹦 5 分钟。

⋯⋯⋯⋯

❸ 下一周按照计划执行。

注意事项

❶ 每周制订 1~2 个计划项目即可，不能太多。如果计划太多，无法完成，会让孩子对爸爸妈妈失去信任。

❷ 全家所有人都要参与制订计划，并且下一周一定要按照计划执行。

❸ 每次在制订下一周的"感觉良好计划"之前，先对本周的执行情况进行总结，让家里每个人都说说，完成了计划后自己的感受与想法。

15. 隐身术　3~6岁

有的孩子在吃饭的时候，不愿意让大人看着，一旦有大人在身旁，孩子就会很紧张，甚至哭闹不已。但是爸爸妈妈怕孩子烫着、伤着或不好好吃饭，又不敢真的离开。这时，玩一玩这个游戏，会有神奇的效果。它适用于3~6岁的孩子。

游戏准备

① **游戏重点**：让孩子以为大人已经变成隐形人了。

② **游戏场地**：不限。

③ **道具**：无。

怎么玩

① 爸爸妈妈告诉孩子现在来玩"隐身术"的游戏。

② 爸爸妈妈轻轻抓住孩子的双手，让孩子按从头到脚的顺序摸大人的身体，孩子一边摸，爸爸妈妈一边说以下内容。

> 现在你的双手拥有了神奇的力量，摸到什么地方，就能让什么地方隐藏起来。

> 你摸摸我的鼻子，现在我的鼻子看不见了。你摸摸我的耳朵，现在我的耳朵看不见了。你摸摸我的眼睛，现在我的眼睛看不见了……你摸摸我的脚，现在我的脚也看不见了。

> 现在你的双手拥有了神奇的力量……

145

现在，我整个人都被你隐身了，我变成了一个隐形人，你看不见我了。你可以自己吃饭了。

❸ 爸爸妈妈放开孩子的手，安静地坐到离孩子大约 1 米的位置上，继续看着孩子把饭吃完。

注意事项 通常，孩子会渐渐停止哭闹，然后自己吃饭。这时，爸爸妈妈可以帮孩子添饭、夹菜、收拾桌面等，但一定不要说话，直到孩子吃完饭。

16. 哭墙　6~12岁

　　这个游戏适用于 6~12 岁的孩子，让孩子用图画或文字的形式来表达自己的糟糕经历（例如被冤枉、被霸凌、考试没考好等）或不愉快的感受（例如不满、抱怨、困扰等），消除焦虑并增强希望与信心。全家人一起在每周的家庭会议上玩一次这个游戏，效果更好。

游戏准备

① 游戏重点：画（写）出自己的糟糕经历或不愉快的感受。

② 游戏场地：室内。

③ 道具：绘图纸、彩色笔。

怎么玩

① 在家里的墙上布置一块固定的位置，作为"哭墙"。

哭 墙

② 家里如果有人有了糟糕的经历或不愉快的感受，就在晚上临睡前，把当天糟糕的经历或不愉快的感受画或写出来，贴在"哭墙"上。

❸ 之后，每个人在贴新的糟糕经历或不愉快的感受以前，需要先看看自己之前贴到"哭墙"上的问题，如果觉得这个问题不再困扰自己，就取下来。

❹ 在每周固定的家庭会议时间，先检查一遍"哭墙"，每个人说一说这一周自己撤回了什么问题，为什么撤回，然后看看什么问题还在"哭墙"上面，全家人一起讨论如何解决这个问题。

哭 墙

注意事项

❶ 如果有人有糟糕的经历或不愉快的感受但是不想贴出来，就不用贴，不能强迫和编造。

❷ 贴在"哭墙"上的内容，只能由本人撤回。

❸ 对于别人贴的糟糕经历或不愉快的感受，不要在其他时间进行评价、干涉和建议，只在家庭会议上进行。

❹ 不能解决的问题允许长期存在于"哭墙"上面，每周都讨论一次，直到贴的人主动撤回。

❺ 全家所有愿意参加的人都可以参加，多子女家庭同样如此。

17. 跳跳糖果罐

3~8岁

这个游戏适用于 3~8 岁的孩子，让孩子在紧张和焦虑的时候跳起来，通过身体的运动转移注意力，回想自己的优点。它能够帮助孩子迅速缓解紧张的情绪，以便更冷静和轻松地面对即将遇到的困难。

游戏准备

❶ **游戏重点**：让孩子在紧张和焦虑的时候通过运动转移注意力，回想自己的优点。

❷ **游戏场地**：不限。

❸ **道具**：糖果若干。

怎么玩

❶ 在孩子紧张和焦虑时，爸爸妈妈和孩子面对面，拉着孩子的手，一边轻轻摇动一边念如下口令。

你是一颗糖果，你是一颗糖果。

跳到我的罐子里来，跳到我的罐子里来。

如果孩子的注意力被爸爸妈妈吸引过来了，就进行步骤❷；如果没有，就重复步骤❶，继续念。

你是一颗糖果……

❷ 爸爸妈妈念口令，孩子根据口令跳动。

口令如下。

认真的糖果跳进来。

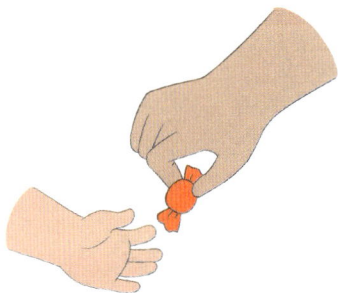

勇敢的糖果跳 2 次。

细心的糖果跳进来。

…………

口令中"糖果"前面的形容词为孩

子的优秀品质。

认真的糖
果跳进来。

❸ 孩子的情绪缓和下来后，游戏结束，爸

爸妈妈给孩子一颗糖果。

注意事项

❶ 爸爸妈妈根据孩子的优点来选择口令中的糖果有什么优秀品质，

尽量选择孩子自己也认可的。

❷ 在游戏结束时给的糖果可以让孩子直接吃掉，然后爸爸妈妈再和

孩子一起讨论让孩子紧张和焦虑的问题是什么，可以用什么办法

去应对。如果孩子当时不想说，可以过一会儿等孩子情绪更好些

的时候再讨论，最好在当天完成。

❸ 多子女的家庭可以让愿意参加的孩子一起玩。

第五章
用合理的方式表达愤怒
—— 关于"愤怒和攻击"的游戏

Chapter 05

　　愤怒是人类与生俱来的几种最基本的情绪之一。它是一种消极情绪，也是一种紧急求助信号，是对外界过量的痛苦刺激的正常反应。当孩子呈现出愤怒的状态时，他其实是在对爸爸妈妈，或是对周遭的环境说："哪里出问题了……请帮帮我！"这一章的游戏重点在于让孩子学会合理地表达和发泄愤怒，以及增进自己与家人之间的信任感，鼓励孩子在没有限制或负面反馈的情况下公开表达他们的原始情感，为孩子提供一些独特的机会来处理令他们产生愤怒情绪的创伤事件。

　　鹏鹏是一个比大多数同龄人要瘦小的男孩子。他既聪明又活泼，但是特别容易因为一些小事生气，经常动手打人。同学走路时不小心撞到他的桌椅，他会一巴掌扇上去；他和其他同学打招呼，别人没听见，他也是直接给同学一巴掌或是一拳。上二年级时，鹏鹏从另一个学校转到我的班里。刚转来的第一个月，他就和班里的其他所有同学都打了架。有一次，他和别班的同学打架没赢，就冲回教室发脾气。等我赶过去时，他已经把教室里所有的桌椅全掀翻了，但他貌似还没消气，躺在地上滚来滚去地嚎叫，像一只气鼓鼓的河豚。

　　鹏鹏的爸爸为此很是头痛，说鹏鹏从小就是这样，无论怎么教，一点用都没有。我问鹏鹏的爸爸：

　　"你一般都怎么教他？"

　　鹏鹏的爸爸说：

　　"就是告诉他不能发脾气，不能打人。老师只要告诉我他又打人了，回家我就揍他！揍完了让他罚站，自己去反省。"

　　这样的教育方式对鹏鹏并没有太大的作用，反而随着被爸爸揍的次数的增加，鹏鹏和同学发生冲突的现象也愈加频繁。他遭到了之前学校的同学和家长的集体投诉，迫不得已只能转学。

　　类似鹏鹏这样难以控制自己的愤怒情绪的孩子还有很多。他们在愤怒时产生的较强的攻击性行为常常让爸爸妈妈和老师焦虑不安。大家既担心孩子自身的安全，也担心他们会危及其他孩子。

　　为什么有些孩子会如此易怒冲动呢？

愤怒到底是什么？

我们一定要让孩子"不能愤怒，不能发脾气"吗？

愤怒是人类与生俱来的几种最基本的情绪之一。当一个婴儿饥饿或生病时，就会变得暴躁、愤怒，成人也一样。愤怒是一种消极情绪，也是一种紧急求助信号，是对外界过量的痛苦刺激的正常反应。愤怒是一种"刺激过量的状态"。当孩子呈现出愤怒状态时，他其实是在对爸爸妈妈，或是对周遭的环境说："哪里出问题了……请帮帮我！"如果一个孩子不会愤怒，或者不能愤怒，是一件可怕而不是令人庆幸的事。这和孩子不会开心，或者不能开心是一样的。

每当孩子遭遇无力掌控的局面、寻求未果的挫败、各种类型的背叛等情况，又因为各种原因，没有机会表达或消解自己的痛苦、悲伤、仇恨等情绪，只能压抑和隐藏时，就会产生愤怒。这时，如果孩子能够用语言来表达自己的经历和由此引发的愤怒，他们的攻击性行为就会少一些；而当孩子的愤怒超出语言表达的范围和能力时，他们的攻击性行为就会多一些。成人因愤怒产生攻击的现象远远少于儿童和青少年，就是这个道理。语言表达能力较弱的孩子会更容易因为看不见的情感创伤而心中暗藏愤怒和仇恨。在某个环境里，由于外部或内部事件的触碰，孩子的愤怒情绪就会突然爆发出来。

鹏鹏的攻击性行为背后隐藏的，其实是亲密关系的缺失，以及对父母陪伴的渴望。鹏鹏从小妈妈就不在身边，由工作繁忙、不善言辞、习惯棍棒教育的爸爸抚养长大。他想和同学们一起玩，但缺乏正确的交流手段，他将别的同学拒绝自己理解为他们对自己的背叛。他认为"我没有打你，你不跟我玩是冤枉我"。在这种情况下，鹏鹏会觉得自己受了委屈，却说不出来，在受到爸爸的责打时，就更加委屈了。慢慢地，鹏鹏就变成了一只气鼓鼓的"小河豚"。

在发现了鹏鹏的问题根源以后，鹏鹏的爸爸听从了我的建议，不再采用棍棒教育。在孩子犯错时，鹏鹏的爸爸会先找出孩子的点滴进步，例如：鹏鹏这次打架比上一次用的力气更小，这次鹏鹏能忍住愤怒的时间多了几秒，等等；然后他会表扬鹏鹏在控制自己上进步了；接着他会教孩子应该如何承担责任和修正行为，同时他也调整了自己的工作状态，增加了陪伴孩子的时间——每天晚上鹏鹏的爸爸都会带着鹏鹏一起练习如何与人正常沟通，如何正常表达愤怒与控制冲动，等等。此后，鹏鹏在学校里与同学打架的次数慢慢减少了，朋友也逐渐多了起来。半年以后，一日午餐时，一个一年级的孩子不小心打翻了餐盘，饭菜倒在了正坐着吃饭的鹏鹏的背上。鹏鹏被烫得一下子跳了起来，捏得紧紧的拳头举了起来，颤抖了半天忍住了，没挥出去。我问鹏鹏为什么忍住了没有动手，他说："他也不是故意的，又是个一年级的弟弟。"我给鹏鹏的爸爸打电话，告知他鹏鹏这个令人欣慰的转变。电话里，传来了鹏鹏爸爸的哽咽声。

我们不难发现，即使是像鹏鹏这样容易暴躁的孩子，也不会随时随地都带有攻击性。有些孩子可能在家里表现出攻击性，但是在学校里没有；有些孩子则正好相反。鹏鹏在学校里也不总是处于愤怒或攻击状态。只有在别人拒绝他，或是批评、嘲笑他时，他才会那样。因此，爸爸妈妈应该将孩子表现出的愤怒或攻击性行为看作是孩子的求助信号，而不是不良表现。此时爸爸妈妈应该立刻接近孩子，找出触发孩子愤怒或攻击性行为的"导火索"，然后帮助孩子去避开它们，为孩子提供其真正需要的重要体验。如果像鹏鹏的爸爸一开始那样，只是每次在事后用棍棒式教育去纠正鹏鹏打人的行为，而不去了解孩子潜在的需求，那只可能暂时改变孩子当时的行为。当孩子再次面对类似的事情，感觉到类似的压力时，他的身体系统又会发出同样的求助信号。而且，愤怒是会传染和习得的。家人表达愤怒的方式会深刻影响孩子对愤怒情绪的处理。棍棒式教育会让孩子认为"打"才是解决问题的最佳方法，从而有样学样，变得攻击性越来越强，造成恶性循环。

通常，各年龄段的男孩的攻击性都比女孩的要强。依恋关系存在问题，或是家庭关系混乱的孩子比正常家庭环境中的孩子的攻击性更强。如果陷入家庭危机，如父母酗酒、抑郁、有婚姻矛盾等，孩子的攻击性表现会更明显。要让这些"愤怒"的孩子学会调节情绪，管控冲动，就需要修复他们受损的信任感，帮助他们重新建立安全感。

　　这一章的游戏的重点在于让孩子学会合理地表达和发泄愤怒，以及增进自己与家人之间的信任感，鼓励孩子在没有限制或负面反馈的情况下公开表达他们的原始情感，为孩子提供一些独特的机会来处理令他们产生愤怒情绪的创伤事件。爸爸妈妈对孩子充满爱和支持，向孩子传递"我忍受你的愤怒，给你一个展示和表达情绪的安全区域"的信号，帮助孩子通过游戏释放敌意和强烈的攻击性欲望，有助于将孩子与同伴、家人之间破坏性的现实关系转变为一种有建设性的关系。情感表达失败，可能会导致不良的情绪和行为。通过发泄、释放与事件相关的压抑情绪，将孩子从这些情绪中解脱出来，孩子的行为就会得以改善。

　　在进行本章的游戏之前，需要提醒爸爸妈妈注意以下事项。

　　①某些疾病也会导致孩子出现较强的攻击性，例如阿斯伯格综合征。如果孩子出现特别频繁的易怒和莫名的攻击性行为，请爸爸妈妈立即带孩子就医，不要擅自作判断。

　　②本章的游戏对游戏时间有特殊的要求，请爸爸妈妈仔细阅读每个游戏的适用时间。

　　③当孩子每一次表现出愤怒或是产生攻击性行为时，爸爸妈妈都需要引导孩子正确表达情绪和反思自己的行为。无论玩不玩游戏，等孩子平静下来后，爸爸妈妈可以按以下顺序进行引导。

　　（1）让孩子说出这次事件的经过。

　　（2）让孩子说出自己对这件事的感受和看法。

　　（3）让孩子对自己这次的表现进行自我评价。

　　（4）让孩子设想下次再遇到同类事件，他准备怎么做。

　　（5）爸爸妈妈表扬孩子在这次事件中值得肯定的地方，说出自己的建议，鼓励孩子下一次做得更好。

　　④对孩子在玩游戏过程中造成的破坏，爸爸妈妈不可以责骂、责打，平静温和地带着孩子一起善后即可。

1. 发火圈圈 3-12岁

这是一个适用于3~12岁的孩子的游戏。当孩子生气的时候，爸爸妈妈可以让孩子在规定区域内挥拳击球。这个游戏能够给处于愤怒状态的孩子提供一个展示和表达愤怒的安全范围与方式，帮助孩子逐渐平静下来，尤其适用于不善言辞的孩子。

游戏准备

1. 游戏重点：让孩子愤怒的时候在规定区域内挥拳击球。
2. 游戏场地：室内。
3. 道具：标记场地范围的物品（粉笔、细绳等）、一根弹力运动发带、一根30~50厘米长的松紧带或弹力绳、一个网球。

怎么玩

1. 按以下步骤制作好发泄球玩具。

（1）在网球两端打孔，穿入松紧带。将松紧带的一端在网球外打结固定。

（2）将松紧带的另一端缝在弹力运动发带上，发泄球就做好了。

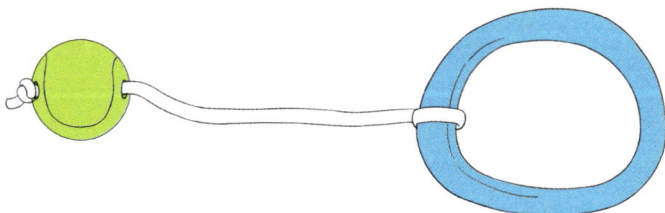

❷ 在家里指定一块固定区域，用粉笔或细绳等标记出一个直径约 1.5 米的圆圈，作为"发火圈圈"。

❸ 让孩子佩戴上发泄球（将弹力运动发带戴在前额，网球吊在胸前）。

❹ 让孩子站在发火圈圈里，身体前倾，略微低头，双手用力来回击打网球。

❺ 告诉孩子，以后在他很生气的时候，就来发火圈圈里玩这个发泄球，爸爸妈妈就知道他现在很生气了。

1.5 米

注意事项

❶ 发泄球的松紧带的长度根据孩子的身高而定，以孩子击打顺手为原则。

❷ 发火圈圈里面不能有其他物品，周边也尽量空旷一些，保证孩子在玩游戏时的安全。如果家里不够大，可以让孩子去室外安全的地方玩。

❸ 3~8 岁的孩子需在爸爸妈妈的陪伴下进行游戏，爸爸妈妈不可以边看边评论孩子，在看着孩子时最好什么都不说，等孩子完全平静下来后，再引导孩子交流第 155 页的注意事项第③点中的 5 个话题。

❹ 已具备安全运动能力的 8~12 岁的孩子可以独自玩这个游戏。

2. 飞越愤怒顶峰 **3~6岁**

　　这个游戏适用于3~6岁的孩子。在孩子愤怒时，爸爸妈妈把孩子举高，让孩子体会飞翔的感觉，这能够帮助孩子快速转换情绪，避免陷入越来越生气的状态。对于经常生气，或是为一件小事会气很久的孩子来说，这是一个很有用的游戏。由于对爸爸妈妈的体力有一定要求，因此这个游戏更适合低龄的孩子。

游戏准备

❶ 游戏重点：爸爸妈妈在孩子愤怒的时候把孩子举起来。

❷ 游戏场地：不限。

❸ 道具：无。

怎么玩

❶ 在孩子很生气的时候，爸爸妈妈引导孩子："我们来玩'飞越愤怒顶峰'游戏好不好？"

哟！

❷ 孩子同意后，爸爸或妈妈双手撑在孩子腋下，迅速把孩子举过头顶，同时喊："哟！"

❸ 爸爸或妈妈慢慢地将孩子放回地面。

❹ 重复做几次，直到爸爸妈妈观察到孩子不再愤怒，甚至笑了出来，游戏结束。

❺ 爸爸妈妈鼓励孩子："这一次你又成功地飞越了愤怒顶峰。"

注意事项

❶ 在玩这个游戏之前，一定要先征求孩子意见，孩子不同意，不能强行把孩子抱起来。

❷ 把孩子举起来有困难的爸爸妈妈可以站在孩子背后，从腋下抱起孩子左右荡，尽力荡高一些。

❸ 无论在哪里玩这个游戏，爸爸妈妈一定要注意场地的安全性和在玩游戏过程中每个人的安全。

❹ 等孩子完全平静下来后，爸爸妈妈再引导孩子交流第 155 页的注意事项第③点中的 5 个话题。

3. 棒棒大战

3~12岁

这是一个用棒子（充气棒或海绵棒）打墙或家人之间互相击打的游戏，适用于3~12岁的孩子。这个游戏的基础版适用于处于愤怒状态的孩子，能够帮助孩子学习如何安全、合理地展示和表达愤怒，快速平静下来；进阶版适用于全家人在非愤怒状态下进行亲子互动，有助于培养良好的家庭氛围。

游戏准备

❶ **游戏重点**：让孩子用棒子（充气棒或海绵棒）打墙或家人之间互相击打。

❷ **游戏场地**：单人玩在室内，多人玩可在室外。

❸ **道具**：充气棒或海绵棒若干（每根棒子的长度不超过1米）、标记场地范围的物品（粉笔、细绳等）。

怎么玩

基础版

❶ 让愤怒的孩子去固定的房间，用棒子击打空白的墙壁。3~8岁的孩子需要父母在旁边看护，8~12岁的孩子可独自在房间发泄。

❷ 等孩子情绪平稳后，爸爸妈妈拥抱孩子，轻轻拍拍孩子的背，问下面的问题并引导孩子回答。

　　现在心里舒服点了没？还需要爸爸妈妈为你做点什么？

进阶版

❶ 根据参与游戏的人数标记出游戏圈。如果游戏人数为 2~3 人，则游戏圈的直径不超过 3 米；如果游戏人数在 3 人以上，则每增加一人，游戏圈的直径增加 1.5~2 米。

❷ 参与游戏的人每人拿一根棒子在游戏圈内互相击打对战——可以击打对方的棒子，也可以击打对方的身体，但不可以击打对方的头和脸。

❸ 棒子被击落的人，或是在玩游戏过程中出了游戏圈的人算输，需要退出游戏圈。

❹ 最后一个留在游戏圈内的人获胜。

注意事项

❶ 当孩子发泄愤怒时，爸爸妈妈全程只能看着，不能说话，直到孩子情绪平稳下来后，再引导孩子交流第 155 页注意事项第③点中的 5 个话题。

❷ 参与游戏的人在对战时一定要注意安全，不可以推搡和踢蹬等，只能用棒子对战。

❸ 这个游戏也适用于多子女家庭。在玩基础版游戏时，一个房间里只能有一个孩子；如果两个或更多孩子都很生气，需要安排每个人在单独的房间发泄。进阶版游戏的场地不限，可以几个孩子和爸爸妈妈一起玩。

4. 丢沙包

5~8岁

这个游戏对于经常发脾气、喜欢扔东西的 5~8 岁的孩子适用。当孩子愤怒的时候，爸爸妈妈可以让他们朝户外空旷的地方扔沙包，这能帮助他们慢慢平复心情。在孩子没有处于愤怒状态时，把这个游戏稍做改变，就是一个很有趣的亲子运动游戏。这个游戏的基础版是让孩子在愤怒时玩的单人游戏，进阶版是让孩子在日常非愤怒状态下进行的多人游戏。

游戏准备

❶ 游戏重点：让孩子用力把沙包扔向远处。

❷ 游戏场地：户外空旷的地方。

❸ 道具：标记场地范围的物品（粉笔、细绳等）、一个沙包（可以购买，也可以自己制作。自己制作时，可以用针线把碎布的边缘缝起来，留一个口，做成孩子拳头大小的口袋状。在布口袋里装入大米、豆子或河沙等物品后，缝合开口，即成沙包。装多少大米、豆子或河沙，以孩子扔的时候感觉顺手为标准）。

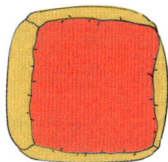

怎么玩

基础版

❶ 当孩子愤怒的时候，爸爸妈妈让孩子把沙包向着空旷的地方用力扔出去，孩子可以边扔边大叫，扔得越远越高越好。

② 让孩子跑到沙包落地的地方，捡起沙包，再次扔出去。

③ 直到孩子不想再扔沙包，或是心情变好了，游戏结束。

进阶版

① 在空地上标记出一个直径 5 米的游戏圈。

② 参与游戏的人猜拳，最后赢的人站在游戏圈里，其他人站在游戏圈外的任意地方。

③ 第一个猜拳输掉的人拿着沙包，朝游戏圈内的人扔。

④ 游戏圈内的人躲避沙包。如果游戏圈内的人没被打中，游戏圈外的人都可以去捡掉在地上的沙包，谁捡到就由谁来扔沙包。如果游戏圈内的人被打中了，则和扔沙包的人互换位置，继续下一轮游戏。

注意事项

① 单人游戏时，爸爸妈妈要提醒孩子选空旷的地方扔沙包，不能砸到人，也不能往马路上扔。爸爸妈妈要在一旁看着，保证孩子的安全。

② 进阶版也适用于多子女家庭。多人游戏时，爸爸妈妈要控制自己扔的力度，也要提醒大孩子注意力度。

③ 等孩子完全平静下来后，爸爸妈妈再引导孩子交流第 155 页注意事项第③点中的 5 个话题。

5. 摔跤

6~12岁

这个游戏是让孩子和爸爸妈妈一起摔跤，适用于 6~12 岁的孩子。在孩子日常情绪良好时，爸爸妈妈可以和孩子玩一玩，既有助于培养良好的家庭氛围，又能帮助孩子将一些积累的或隐藏的负面情绪宣泄出来，降低集中爆发的概率。

游戏准备

❶ 游戏重点：努力把对手摔倒。

❷ 游戏场地：室内。

❸ 道具：软的防护用品，如豆袋沙发、厚泡沫垫、厚座垫、厚被子等。

怎么玩

❶ 把防护用品在房间中心堆在一起，形成一座"小山"。

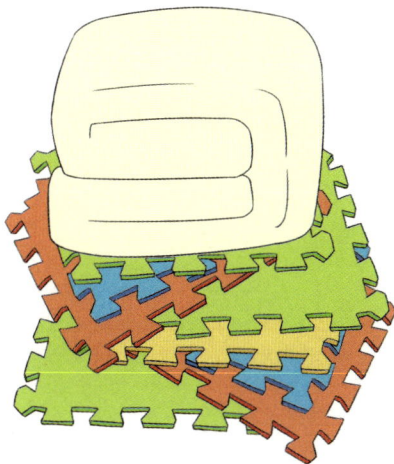

❷ 两人对战，利用推、拉、抱、撞等方式，想办法把对手摔倒在"小山"上。
被摔倒的人算输。

注意事项

❶ 在玩游戏过程中不能用脚踢、踩、踹对方。

❷ 这个游戏也适用于多子女家庭。爸爸妈妈在和孩子玩时要控制好力度，还要提醒大孩子，偶尔要让小孩子赢一次，以增加趣味性。

❸ 如果孩子正处于愤怒爆发状态，则不适合玩这个游戏。

6. 吹蜡烛

3-6岁

这个游戏是让 3~6 岁的孩子在愤怒的时候反复吹熄爸爸妈妈隔空点燃的蜡烛,利用孩子的好奇心和让孩子不断地做深呼吸,帮助孩子快速转移注意力,平复情绪。

游戏准备

❶ **游戏重点**:让处于愤怒状态的孩子反复吹熄爸爸妈妈隔空点燃的蜡烛。

❷ **游戏场地**:室内。

❸ **道具**:一个打火机、一根蜡烛。

怎么玩

❶ 在孩子处于愤怒状态时,爸爸妈妈点燃蜡烛,放到孩子面前,说:"吹!"让孩子吹熄蜡烛。

❷ 爸爸妈妈迅速点燃打火机，让打火机的火苗距离蜡烛芯 2~3 厘米，靠近白烟，此时蜡烛会复燃。爸爸妈妈用下面的话引导孩子继续吹蜡烛。

　　看来，你生的气还不够多，蜡烛又燃起来了，再用力一点试试。

❸ 重复前两个步骤，引导孩子反复深呼吸。

❹ 等孩子平静下来后，爸爸妈妈不再继续点燃蜡烛，游戏结束。

注意事项

❶ 一定要让打火机的火苗靠近白烟来再次点燃蜡烛，不要直接点燃蜡烛芯，这样才能让孩子感到惊奇，起到迅速转移孩子注意力的作用。

❷ 玩这个游戏的时候注意消防安全，蜡烛和打火机都不要离孩子太近。

❸ 等孩子完全平静下来后，爸爸妈妈再引导孩子交流第 155 页注意事项第③点中的 5 个话题。

7. 愤怒的枕头   6~12岁

这是一个帮助孩子在愤怒时安全、合理地表达愤怒的游戏，适用于 6~12 岁的孩子。爸爸妈妈给孩子一个固定发泄愤怒的空间，制定好规则，孩子在愤怒的时候就可以通过击打枕头慢慢平静下来。

游戏准备

① 游戏重点：让孩子在愤怒的时候去击打枕头。

② 游戏场地：室内。

③ 道具：一个枕头（或沙发坐垫）、固定枕头的用品（绳子、粘胶等）。

怎么玩

① 爸爸妈妈给孩子准备一个"愤怒专用枕头"。

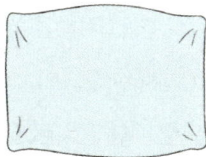

② 在家中确定一块空旷的区域作为固定的游戏区域，把枕头挂或粘贴到墙上。

愤怒专用枕头

❸ 当孩子处于愤怒状态时，让孩子用拳头去击打枕头。爸爸妈妈告诉孩子打的时候要注意，不要把枕头从墙上砸下来了。直到孩子筋疲力尽，情绪平复。

愤怒专用枕头

注意事项

❶ 不能用孩子平时睡的枕头玩这个游戏，一定要使用一个专门的发泄愤怒的枕头，大且厚软的最好。

❷ 当孩子发泄愤怒时，爸爸妈妈最好在场陪护（但需征得孩子同意），避免孩子用力不当受伤，但一定不要责备、讽刺、说教孩子。

❸ 等孩子完全平静下来后，爸爸妈妈再引导孩子交流第 155 页注意事项第③点中的 5 个话题。

8. 跳个舞吧

这个游戏让孩子随着音乐的变化改变自己的状态，适合 3~8 岁脾气火暴的孩子在平时心情比较好的时候经常玩一玩，能够帮助孩子练习如何在激烈运动时突然停下来，减少失控的状态。

游戏准备

① 游戏重点：让孩子随着音乐的变化改变自己的状态。

② 游戏场地：室内。

③ 道具：播放音乐的物品、孩子喜欢的音乐。

怎么玩

① 爸爸妈妈告诉孩子，他在跳舞的过程中不会被其他人看见，可以配合音乐做出任何动作与表情。

② 当音乐播放时，孩子疯狂舞动；当音乐停止时，孩子立刻停止跳舞，并保持最后一个动作不动。

❸ 爸爸妈妈控制音乐的播放，不断改变音乐停止的时间长短，让孩子在跳舞和停止之间来回转换。

注意事项

❶ 选择无尖锐物品的安全场地来玩这个游戏。尽量选择没有歌词、节奏强烈的音乐，例如摇滚乐、电子音乐（电音）等。

❷ 孩子跳舞的时候，爸爸妈妈不能对孩子的表现做出任何负面评价，最好能跟孩子一起跳舞。

❸ 这个游戏也适用于多子女家庭，可以让愿意参加的孩子一起玩。不能听从音乐指挥、在该跳舞时停止或是在该停止时跳舞的人算输。爸爸妈妈需提醒孩子们不要互相评价或者嘲笑、讽刺对方。

9. 红色赛车

3~6岁

　　这个游戏需要爸爸妈妈带着处于愤怒状态的孩子一起运动，能够帮助3~6岁的孩子快速转移注意力，平复心情。当孩子没有处于愤怒状态时，这个游戏也可以作为增进亲子关系的日常游戏。

游戏准备

1 游戏重点：爸爸妈妈带着处于愤怒状态的孩子一起运动。

2 游戏场地：不限。

3 道具：无。

怎么玩

1 当孩子处于愤怒状态时，爸爸妈妈和孩子面对面，拉住孩子的双手，念下面的儿歌。

　　好气呀，好气呀，红色的赛车生气啦！

同时，爸爸妈妈带着孩子按儿歌节奏轻轻摇晃。如此重复，直至孩子的注意力转向爸爸妈妈（如孩子的哭声减弱，看向爸爸妈妈）。

2 爸爸妈妈和孩子面对面，拉住孩子双手，一起按照以下口令运动。

　　跑起来，跑起来，红色的赛车跑起来。（原地慢跑）

> 跑起来，跑起来……

173

快一点，快一点，红色的赛车快一点。（加快跑步速度）

转一圈，转一圈，红色的赛车转一圈。（拉着孩子转一圈）

加速啦，加速啦，红色的赛车加速啦。（原地高抬腿跑）

慢下来，慢下来，红色的赛车慢下来。（减慢跑步速度，恢复原地慢跑）

❸ 孩子的情绪平复一些后，爸爸妈妈放开孩子的手，让孩子背对着爸爸妈妈。
然后爸爸妈妈将双手放在孩子的肩头，带着孩子按以下口令继续运动。

向前进，向前进，红色的赛车向前进。（向前慢跑）

向左 / 右转，向左 / 右转，红色的赛车向左 / 右转。（向左 / 右转弯
慢跑）

加速啦，加速啦，红色的赛车加速啦。（加快跑步速度）

慢下来，慢下来，红色的赛车慢下来。（减慢跑步速度）

到站了，到站了，红色的赛车到站了。（停止跑步）

向前进，
向前进……

❹　等孩子的情绪完全平复，游戏结束。

注意事项

❶　口令的顺序可以任意调换。

❷　这个游戏也适用于多子女家庭，一个大人一次只带一个处于愤怒状态的孩子玩。

❸　等孩子完全平静下来后，爸爸妈妈再引导孩子交流第 155 页注意事项第③点中的 5 个话题。

10. 不倒翁

这个游戏让处于愤怒状态的孩子去击打不倒翁沙袋，适用于 3~12 岁的孩子。不倒翁会回弹的性质能够帮助孩子很快从愤怒的情绪中恢复，变得开心起来。

游戏准备

① **游戏重点**：让孩子愤怒的时候去击打不倒翁沙袋。

② **游戏场地**：室内。

③ **道具**：充气式的儿童不倒翁拳击沙袋、
儿童拳击手套。

怎么玩

爸爸妈妈让孩子在愤怒的时候去击打不倒翁沙袋，以发泄情绪，直至情绪平复。

注意事项

① 沙袋周围需空旷一些，且没有尖锐物品。

② 选择材料厚实、造型夸张搞笑的沙袋效果更好。

③ 3~8 岁的孩子需在爸爸妈妈的陪伴下进行游戏。爸爸妈妈看着孩子时最好什么都不说——不可以边看边评论孩子，等孩子完全平静下来后，再引导孩子交流第 155 页注意事项第③点中的 5 个话题。

④ 已具备安全运动能力的 8~12 岁的孩子可以独自发泄。

⑤ 这个游戏也适用于多子女家庭，一次只能由一个孩子击打不倒翁沙袋。

11. 泥娃娃

这个游戏是让处于愤怒状态的孩子独自玩黏土，适用于 8~12 岁的孩子。用力揉捏黏土的过程能够帮助孩子发泄心中的怒气，让孩子尽快平静下来，重新找回对事物的掌控感。

游戏准备

① **游戏重点：** 让处于愤怒状态的孩子独自玩黏土。

② **游戏场地：** 室内。

③ **道具：** 手工黏土（超轻黏土、陶泥均可）或橡皮泥若干、边长不小于 30 厘米的托盘一个。

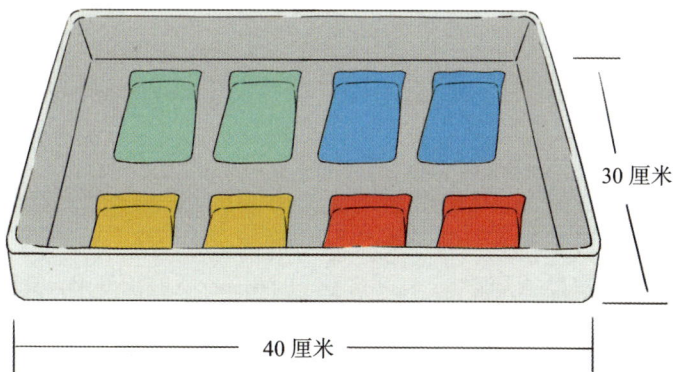

30 厘米

40 厘米

怎么玩

① 爸爸妈妈和孩子制定游戏规则：所有的黏土都要放在托盘内，只能在托盘内玩。

2 当孩子处于愤怒状态时，让孩子独自玩黏土，直到平静下来。

注意事项

1 孩子不愿意玩的时候不可以勉强。

2 这是单人游戏。孩子玩黏土时需一个人在房间里，其他人不可进入房间打扰。

3 爸爸妈妈不需要关注孩子是否做出成品，只需要关注孩子的情绪是否恢复正常。

4 等孩子完全平静下来后，爸爸妈妈再引导孩子交流第 155 页注意事项第③点中的 5 个话题。

12. 愤怒火山　 8~12岁

　　这个游戏是借助画火山、模拟火山说话的方式引导孩子思考产生愤怒的原因，帮助孩子寻找自己真正的需求，适合 8~12 岁的孩子在感受到了极大的愤怒，且晚上标记了当天的心情（第二章的"心情标记板"游戏）以后来玩。

游戏准备

❶ 游戏重点：让孩子画一座愤怒火山，想象它会说些什么。

❷ 游戏场地：室内。

❸ 道具：绘图纸、彩色笔。

怎么玩

❶ 当孩子在当天的心情标记板上标注了"生气""愤怒"一类的情绪后，让孩子画一座当天的愤怒火山。

❷ 爸爸妈妈引导孩子看着画好的愤怒火山回答问题，可以参考以下问题进行提问。

（1）愤怒火山今天感觉到了什么程度的愤怒？

（2）愤怒火山遭遇了什么？

（3）要怎样做才能帮助愤怒火山冷静下来呢？

（4）下次遇到同类的事情，怎样做可以帮助愤怒火山保持冷静?

（5）其他人做些什么能够对愤怒火山有所帮助?

❸ 让孩子想象愤怒火山接受了自己的帮助后的样子，可以再画一座开心的火山，也可以只想象开心的火山的样子，不画出来。

注意事项

❶ 如果孩子不想告诉爸爸妈妈自己遭遇的问题，不要强迫孩子。这个游戏的"怎么玩"部分中步骤 ❷ 的问题（1）和问题（2）孩子可以不回答，从问题（3）开始回答，爸爸妈妈引导孩子去想怎样做可以让愤怒火山冷静下来即可。

❷ 这个游戏也适用于多子女家庭，有需求的孩子都可以画愤怒火山，然后一个一个回答问题。

❸ 不管孩子说了什么，其他人不可以反驳、责备和嘲笑。

13. 巴拉巴拉　6~10岁

　　这个游戏让孩子和爸爸妈妈只用"巴拉巴拉"来吵架，适用于6~10岁的孩子。如果孩子因为和家人之间产生冲突而感受到了极大的愤怒，在晚上全家人标记了各自的心情（第二章的"心情标记板"游戏）后来玩这个游戏，它能够帮助孩子和爸爸妈妈在滑稽地重现家庭冲突的过程中反省自己的行为偏差，缓和亲子关系。

游戏准备

❶ **游戏重点**：全家人只用"巴拉巴拉"来吵架，重现当天的冲突场景。

❷ **游戏场地**：室内。

❸ **道具**：无。

怎么玩

❶ 当孩子因为家庭冲突感到愤怒，并在心情标记板上标注了"生气""愤怒"一类的情绪后，爸爸妈妈邀请孩子一起表演当天的冲突场景。

❷ 在表演过程中，表演的人可以利用手势、眼神、表情、动作等帮助表达，但是禁止使用任何语句，只能用"巴拉巴拉"。示例如下。

　　爸爸："巴拉巴拉？"

　　孩子："巴拉巴拉巴拉巴拉！"

　　妈妈："巴拉巴拉！巴拉巴拉！巴拉巴拉巴拉巴拉！"

　　…………

3 在所有人心情都变好了后，视事件的严重程度，大家可以共同讨论当天的事件；也可以不讨论，自然结束聊天。

注意事项

1 所有人都愿意参与游戏的时候才玩，不能勉强。

2 这个游戏也适用于多子女家庭。

第六章

笑一笑，自信起来
—— 关于"沮丧和抑郁"的游戏

Chapter 06

孩子有"抑郁情绪"、处在"抑郁状态"和患上"抑郁症"是不一样的。患有抑郁症的孩子一定会有抑郁情绪和抑郁状态，但出现抑郁情绪和抑郁状态的孩子不一定都是抑郁症。已经患上抑郁症的孩子一定要就医。这一章的游戏适用于预防和改善正常孩子的抑郁情绪与抑郁状态，旨在帮助孩子笑一笑，变得开心和自信。

　　我曾经遇到过一个很特别的小姑娘陌陌。陌陌上一年级时，下课后不喜欢和同学一起玩，总是一个人坐在座位上，她有时候会自己和自己玩，有时候只是坐着或是趴在桌上发呆。我很少看见她笑，经常看见她歇斯底里地哭。她被老师批评了会哭，别人的作业本被错发给她了会哭，忘记带东西了会哭，有时候还会莫名其妙地哭起来。在发现了陌陌的特殊情况后，我与她妈妈面谈，陌陌妈妈一口咬定孩子从3岁起就得了抑郁症，这让我很是意外。

　　因为重度抑郁会带来严重的后果，所以近年来无论是教育系统的专业人士还是普通民众，对于儿童和青少年患上抑郁症的关注程度都非常高。中国科学院心理研究所自2019年开始，连续几年对全国超过3万名青少年的抑郁风险进行了跟踪评测，每年都发布《中国国民心理健康发展报告》，每年的数据都很不乐观，几乎每4个孩子中就有1个会被抑郁症困扰。虽然知道抑郁症在孩子当中渐趋常态，但我以往遇到的病例大多数是12岁以上的孩子，3岁的病例，我还是第一次遇见。我有些疑惑，陌陌真的是患了抑郁症吗？

　　当我走进陌陌的家，看到了她的生活环境，与她所有的家人交谈后，我找到了答案。

　　陌陌是一个"高需求宝宝"，从小情感强烈，要求多，不可预料且超级敏感。由于全家人都缺乏对高需求宝宝的正确认知和教育方法，因此爸爸妈妈面对陌陌的高需求越来越急躁焦虑，陌陌的哭闹也越来越频繁。亲子冲突在陌陌近3岁、进入"第一反抗期"后达到了高潮，而陌陌妈妈在濒临崩溃之际，听到了"抑郁症"这个说法，觉得孩子怎么看都像是患病了，就自己给陌陌下了定论。

在幼儿园老师的要求下，陌陌妈妈带着陌陌去了几家医院做检查。医生都说陌陌只是情绪调节能力较弱，呈现抑郁状态的时间比其他孩子稍多些，并没有达到"抑郁症"的程度。医生建议陌陌妈妈让陌陌适当地做一些调节情绪的训练，不需要药物干预。但陌陌妈妈并不认同，依然坚信孩子就是患了"抑郁症"，陌陌的情绪失控都是患病的结果。但凡遇到亲朋好友质疑陌陌的行为，陌陌妈妈皆以"抑郁症"作为回应，还试图给孩子寻找各种偏方药物进行治疗。陌陌的爸爸、爷爷奶奶、外公外婆为此和陌陌妈妈吵了很多次，但都没有用，家庭中所有的成年人都处于不同程度的焦虑状态，家庭氛围非常糟糕。

这让我想起一个类似的孩子成年后跟我说的话：

"在这个世界上，带给我痛苦最多的人就是我父母。我妈带我去看心理医生，我觉得最应该去看心理医生的是她。"

孩子有"抑郁情绪"、处在"抑郁状态"和患上"抑郁症"是不一样的。

抑郁情绪是一种沮丧、消沉、委屈或者混合了多种类似负面情绪的心理感受，每个人都会产生，是一种正常的情绪反应。通常，孩子的抑郁情绪都事出有因，来得快也去得快。如果陷入抑郁情绪的孩子遇到了令他开心的事，会很快开心起来。适度地陷入抑郁情绪可以帮助孩子更加了解自己，学习如何面对和处理自己内心的痛苦，从而习得调节情绪、走出失落阴影的本领。但如果产生抑郁情绪的时间过长，孩子又缺乏自我调节的能力，则会有发展为抑郁状态的可能。

抑郁状态是一种生活状态。例如没有具体的触发事件，但每天无精打采，对什么都不感兴趣，回避社交，注意力不集中，等等。这种状态的持续时间会比抑郁情绪的长，并且相对稳定，对正常生活会产生一定影响。有的孩子可以靠自己逐渐走出抑郁状态，但更多的孩子需要依靠爸爸妈妈或是专业人士的帮助才能顺利走出来。需要注意的是，抑郁状态的长期存在有发展为抑郁症的可能。如果发现孩子已有连续两周以上的持续抑郁状态，且程度没有改善，甚至加重，出现了睡眠和饮食紊乱，严重影响了正常生活，就需要爸爸妈妈带着孩子一起去寻求心理咨询师或是心理医生的专业帮助。

抑郁症是一种以显著而持久的心境低落为主要特征的心境障碍，属于精神病学范畴。它的持续时间比抑郁状态更长，常伴有一些躯体反应，例如头痛、肚子痛、失眠和食欲下降等。抑郁症的诱发因素很多，有遗传因素，也有环境因素。患有抑郁症的孩子往往情绪低落、思维迟缓、意志活动减退、人际关系紊乱，会严重影响他们的社会功能，甚至产生严重的消极、自杀言行。患病的孩子一定需要就医，进行专业的心理和药物干预。

简单来说，患有抑郁症的孩子一定会有抑郁情绪和抑郁状态，但出现抑郁情绪和抑郁状态的孩子不一定都是抑郁症。儿童和青少年时期的孩子容易产生情绪困扰，他们的情绪变化非常快，偶尔出现抑郁情绪，或是处于短时间的抑郁状态，是非常普遍的身心发展性问题，不能一下子给孩子扣上"抑郁症"的帽子。虽然现在网络上关于抑郁症的测评量表和诊治建议很多，但心理问题千人千面，每个患有抑郁症的孩子的表现都不同。我不赞成非心理专业的爸爸妈妈自己给孩子做各种心理测评量表，更不可以擅自根据量表测评结果给孩子贴标签。专业的事要交给专业的人来做。如果爸爸妈妈觉得孩子的抑郁情绪或抑郁状态影响到了孩子的正常学习和生活，请一定去正规的三甲医院，寻求专业心理咨询师或心理医生的帮助。

通常来说，几乎所有患上抑郁症的孩子和家长的关系都不够融洽。一个温暖、包容性强、彼此理解与支持的家庭，很少会出现患上抑郁症的孩子。所以，这一章的游戏宗旨如下。

①让孩子在玩游戏过程中体会快乐，缩短陷入抑郁情绪、抑郁状态的时间。

②帮助孩子探索他们的内心发生过什么，学习如何正常地表达情绪和想法，

发掘新的内在力量和应对能力。

③ 修正孩子的消极思维，以改善由这种思维产生的低落情绪，让孩子重获对事物的掌控感。

④ 调整家庭成员之间的沟通与相处方式，改善家庭成员之间的关系与家庭氛围。

希望爸爸妈妈经常和孩子一起玩一玩本章的游戏。

在玩游戏之前，需要提醒爸爸妈妈以下注意事项。

① 本章的游戏只适用于预防和改善正常孩子的抑郁情绪与抑郁状态。已经患上抑郁症的孩子一定要及时就医，不能只用玩游戏来代替正规治疗，以免延误孩子病情。

② 本章的部分游戏对于参与人员和游戏场地有特别要求，在玩之前请仔细阅读每个游戏的注意事项。

③ 孩子无论在游戏中做了什么，说了什么，爸爸妈妈一定不可以批评、责备、嘲笑、打击，这一点尤其重要。

④ 当孩子情绪非常低落，明确表示什么都不想玩时，爸爸妈妈可以什么话都不说，只是拥抱孩子，过一阵再询问，一定不可以勉强孩子玩游戏。

1. 揉揉捏捏 3~6岁

这个游戏是让爸爸妈妈带着孩子一起做深呼吸，并抚触孩子的身体，能够帮助孩子的身体和心理都放松下来，在 3~6 岁的低龄孩子情绪低落、紧张、焦虑的时候都可以玩一玩。如果孩子喜欢这个游戏，在孩子心情好的时候也可以玩一玩，有助于增进亲子关系。

游戏准备

① **游戏重点：**闭眼深呼吸，并抚触身体。

② **游戏场地：**室内。

③ **道具：**无。

怎么玩

① 让孩子自己选择舒服的姿势坐下或躺下。

② 让孩子闭上眼睛，跟着爸爸妈妈的引导做深呼吸。爸爸妈妈一边说下列引导语，一边轻柔地抚触孩子身体的相关部位。

　　头发梳一梳，头发梳一梳。（用手指梳头）

　　眉头展一展，眉头展一展。（双手大拇指从眉头抚触到眉尾）

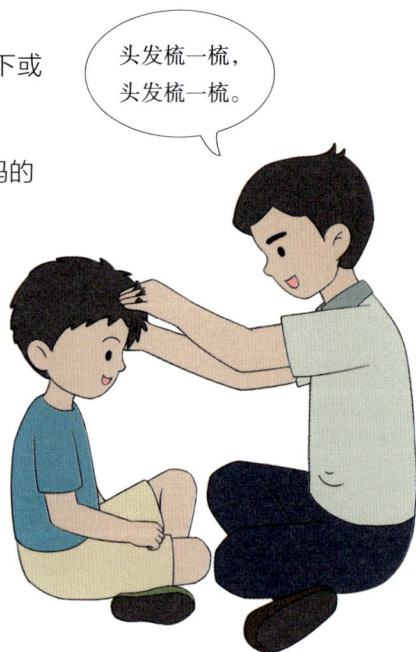

> 头发梳一梳，
> 头发梳一梳。

肩膀松一松，肩膀松一松。（轻轻捏揉肩颈）

背上揉一揉，背上揉一揉。（沿脊柱从上往下轻轻画圈揉，孩子平躺着时可改为轻轻揉肚子）

胳膊捏一捏，胳膊捏一捏。（捏揉大臂和小臂）

小腿抖一抖，小腿抖一抖。（抓住孩子的脚踝，帮助孩子轻轻活动双腿）

脚心挠一挠，脚心挠一挠。（轻轻挠孩子的脚心）

❸ 爸爸妈妈拥抱孩子，问孩子感受如何，结束游戏。

注意事项

❶ "怎么玩"部分的步骤 ❷ 中从头至腿的抚触可以重复做，直至爸爸妈妈观察到孩子的身体已经完全放松，情绪平复了，再以脚心的抚触收尾。

❷ 每次只能有一个成人和一个孩子参与游戏，房间里最好不要有其他人。

2. 毛毛虫

这个游戏是让孩子和爸爸妈妈一起拍桌子，让桌子上的狗尾巴草像毛毛虫一样动起来，能够帮助情绪低落的孩子慢慢开心起来，也能够帮助孩子修复对事物的掌控感，适用于 3~8 岁的孩子。

游戏准备

① 游戏重点：孩子和爸爸妈妈一起拍桌子。

② 游戏场地：室内。

③ 道具：一张桌子、每人 15~20 根狗尾巴草（剪掉长秆，只留下花序部分）。

怎么玩

基础版

① 把狗尾巴草全部倒在桌子中间。

② 参与游戏的人坐在桌子周围，双手连续轻轻拍桌子，让狗尾巴草像毛毛虫一样在桌子上动起来。掉在地上的狗尾巴草可以捡起来，放回桌子上继续玩。

进阶版

①　在桌子的中间设立一条分界线，把桌面平分成两半，把所有狗尾巴草倒在桌子中间堆起来。

②　参与游戏的人自由分成两个队伍，每队人数不限，每个人的位置可以移动，用拍桌子的方式控制狗尾巴草，把它们移动到自己这边的桌面上来。

③　当所有的狗尾巴草都移动到了分界线的两边后，一轮游戏结束，获得更多狗尾巴草的一方胜出。

注意事项

①　要选用塑料或木头桌面的桌子，不要在玻璃、岩板等太硬的桌面上玩。

②　参与游戏的人可以靠近狗尾巴草拍桌面，但不能直接拍狗尾巴草。

③　多子女家庭可以让孩子们一起玩。

3. 表情拳

这是一个让爸爸妈妈和孩子利用面部表情或动作来猜拳的游戏，适用于3~8岁的孩子。在孩子情绪低落的时候玩一玩这个游戏，能够帮助孩子尽快从抑郁情绪中恢复，重新笑出来。

游戏准备

❶ 游戏重点：全家人利用面部表情或动作来猜拳。

❷ 游戏场地：室内。

❸ 道具：便利贴若干。

怎么玩

❶ 在参与游戏的人中选出一个人担任口令员，负责喊"石头，剪刀，布！"的口令。

❷ 其余的人在口令员喊出"布"的时候不用手，而是用面部表情或动作来猜拳。参考如下。

石头，剪刀，布！

嘴巴张大表示剪刀。

嘴巴闭上，脖子往前伸表示石头。

把舌头长长地伸出来表示布。

剪刀　　　　　　　石头　　　　　　　布

❸ 赢的人在输的人的脑门上贴一张便利贴。

注意事项

❶ 用什么面部表情或动作代表石头、剪刀和布，全家人可以集体商议，表情和动作越搞笑越好。

❷ 多子女家庭可以让愿意参加的孩子们一起玩，人越多，游戏效果越好。

4. 做馒头

这个游戏适用于 6~12 岁的孩子。全家人一起做馒头，让孩子来揉面团，既能够帮助抑郁的孩子重获对事物的掌控感，又能够增进亲子关系。馒头出锅后，孩子还能收获成就感，对恢复自信心、找回快乐都有帮助。

游戏准备

① 游戏重点：全家人一起做馒头，让孩子揉面团。

② 游戏场地：室内。

③ 道具：做馒头的食用材料（面粉、水、酵母等）、带有透明锅盖的蒸锅。

怎么玩

① 爸爸妈妈准备好做馒头的面粉、水、酵母等，混合之后揉出面团的雏形。

② 让孩子用各种方式揉面团。

③ 面团揉好之后，让面团醒一醒，等面团发酵到原来的 1.5 倍大左右。

④ 分切面团，全家人一起用面团做馒头，也可以捏出各种造型。

⑤ 爸爸妈妈陪着孩子一起蒸馒头，让孩子观察馒头在蒸锅里变大的过程。

⑥ 等馒头蒸熟后，全家人一起享用，爸爸妈妈询问孩子的感受。

注意事项

❶ 蒸锅的锅盖一定要是透明的，这样才能看到馒头变大的过程，这很重要。

❷ 这个游戏的重点是全家人一起享受制作馒头的过程与乐趣，馒头能否做成功不是重点，爸爸妈妈不可以批评、责备孩子的失误。

❸ 这个游戏也适用于多子女家庭。

5. 复读机 8~12岁

这是个特别为爸爸妈妈准备的游戏，适合在与面临压力的 8~12 岁孩子沟通不畅的时候玩。当孩子向爸爸妈妈描述自己遇到的问题或事件时，爸爸妈妈用鼓励的态度、复述孩子的话的方式来和孩子沟通，会出现比说教更神奇的效果。

游戏准备

① **游戏重点**：爸爸妈妈用鼓励的态度重复孩子说的话。

② **游戏场地**：不限。

③ **道具**：无。

怎么玩

当孩子和爸爸妈妈描述自己遇到的问题或事件时，爸爸妈妈只重复孩子说的话，参考如下。

孩子："我压力好大。"

爸爸："看出来了，你压力很大。"

看出来了，
你压力很大。

我压力好大。

孩子："下周就要期末考试了。最近几次的模拟考我都考得很差，期末肯定也考不好。"

爸爸："你觉得模拟考你都考得很差，所以期末肯定也考不好。"

孩子："可能也不一定，期末考试的卷子可能也不完全和模拟考试的一样。"

爸爸："嗯，期末考试的卷子可能也不完全和模拟考试的一样。"

孩子："算了，还是把错了的题再好好看看，万一又考到了呢。"

爸爸："有道理哦，还是把错了的题再好好看看，万一又考到了呢。"

注意事项

❶ 爸爸妈妈在重复孩子说的话时，一定不要说教。可以对孩子的想法表示肯定和鼓励，但不可以批评、责备、提建议。

❷ 多子女家庭在全家集体讨论孩子的问题时同样适用。

6. 小喇叭

6~12岁

这是个户外游戏，适用于 6~12 岁的孩子，要让孩子努力大喊出来。经常在阳光下玩这个游戏，能够帮助情绪消沉、低落的孩子慢慢变得积极起来。

游戏准备

❶ 游戏重点：孩子用力大喊，让远处的人听见。

❷ 游戏场地：空旷的室外。

❸ 道具：纸、笔若干。

怎么玩

❶ 爸爸妈妈与孩子各拿一张纸、一支笔，然后彼此间隔 50 米左右站立。

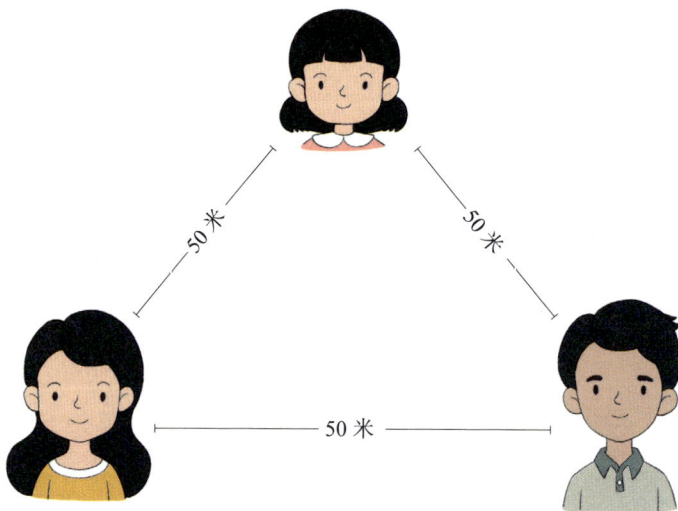

天气真好！

❷ 孩子和爸爸妈妈轮流用力
喊一句话（内容不限），
其他人把自己听到的内容
写在纸上。

❸ 写完之后所有人聚在一起，
检查彼此的记录是否正确。

❹ 在进行下一轮游戏时增加彼
此的间距，每次增加 10 米。

注意事项

❶ 玩这个游戏一定要选天气好、阳光灿烂的日子，对孩子的情绪调
节更有利。如果是在风景优美的地方就更好了。

❷ 大龄孩子如果不愿意和爸爸妈妈一起玩，可以和好朋友一起玩，
或是独自找个安全又不影响别人的地方用力大喊。

7. 夹夹虫

6~12岁

这个游戏适用于 6~12 岁的孩子，需要爸爸妈妈与孩子用嘴唇和鼻子夹住扑克牌并传递给下一个人，逗对方笑。在孩子情绪低落的时候玩一玩这个游戏，能够帮助孩子慢慢开心起来。

游戏准备

❶ **游戏重点**：用嘴唇和鼻子夹住扑克牌并传递给下一个人，逗对方笑。

❷ **游戏场地**：不限。

❸ **道具**：扑克牌。

怎么玩

❶ 爸爸或妈妈将一张扑克牌放在人中位置，用上嘴唇和鼻子夹住。

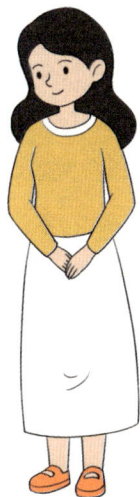

然后，把扑克牌
传递给孩子。

❷ 孩子也要用上嘴唇
和鼻子接住扑克牌，
夹稳后传递给下一
个人。以此类推。

❸ 扑克牌掉了的人
算输。

注意事项

① 在玩游戏过程中，孩子是半仰望状态，需注意游戏场地的安全。

② 这个游戏也适用于多子女家庭，愿意参加的孩子可以一起玩。

8. 煮肉肉

3~8岁

这个游戏适用于 3~8 岁的孩子。多做体育运动有助于预防抑郁。但陷入抑郁状态的孩子往往会对日常活动失去兴趣，不愿意动。这时，玩一玩这个追赶游戏，可以帮助孩子在心理层面和身体层面都活跃起来。

游戏准备

❶ 游戏重点：在儿歌结束后追赶别人。

❷ 游戏场地：户外。

❸ 道具：无。

怎么玩

❶ 参与游戏的两个人猜拳，输了的人作为追赶者。

❷ 追赶者坐在地上，赢了的人站在追赶者的背后，一边抚摸追赶者的头，一边念如下儿歌。

煮肉肉，
煮肉肉……

煮肉肉，煮肉肉，

一盆香，二盆臭，

先来的，吃肉肉，

后来的，啃骨头。

❸ 儿歌念完后，赢了的人跑开，追赶者站起来开始追。

❹ 追赶者追上赢了的人以后，轻拍对方一下，表示身份交换，进行下一轮游戏。

注意事项

❶ 户外游戏需注意周边环境的安全性和在玩游戏过程中的安全。

❷ 这个游戏也可以多人参与，多子女家庭可以让所有孩子一起玩，追赶者拍到谁就由谁来进行下一轮追赶。

❸ 爸爸妈妈需控制孩子追自己的距离，既要达到让孩子运动起来的目的，又不能让孩子总是追不到，打击到孩子的游戏积极性。

9. 腻娃腻娃

3~8岁

　　这个游戏适用于3~8岁的孩子，让参与游戏的人按照指挥的口令进行肢体接触，适合在孩子心情还不错的时候来玩，能够帮助孩子重新搭建心理安全框架，修复安全感。

游戏准备

❶ 游戏重点：按照指挥的口令进行肢体接触。

❷ 游戏场地：不限。

❸ 道具：无。

怎么玩

❶ 所有参与游戏的人猜拳，赢了的人作为指挥。

❷ 指挥快速切换口令，其他人按照口令随意找一个伙伴来做动作。以下举例几个口令和其对应的动作。

口令：腻娃腻娃

动作：互相用背部蹭一蹭

口令：咕叽咕叽

动作：勾肩搭背，对着耳朵说悄悄话

口令：哈皮哈皮

动作：双手轻轻拍拍对方的脸

口令：嗯那嗯那

动作：互相拥抱着转个圈

口令：噗塔噗塔

动作：互相用臀部轻轻对撞

注意事项

❶ 这个游戏也适用于多子女家庭，但要注意，除了指挥以外，参与游戏的人数需要是偶数，这样每个人才有伙伴。

❷ 这个游戏需要选择空间较大的游戏场地，周遭不要有尖锐物品和太多杂物。

10. 不掉下来的气球

这是个让全家人一起控制气球，不让气球落地的游戏，适用于孩子年龄在6~12岁的家庭。在孩子情绪低落的时候玩一玩这个游戏，可以帮助孩子修复对事物的掌控感，更快平复心情。在孩子情绪好的时候也可以玩一玩这个游戏，有助于建立更亲密的亲子关系。

游戏准备

❶ 游戏重点：全家人一起控制气球，不让气球落地。

❷ 游戏场地：不限。

❸ 道具：一个气球。

怎么玩

❶ 全家人一起商定，这次的游戏希望做到击球多少次以上。（可以先从 20 次开始，熟练后再逐渐增加）

❷ 所有参与游戏的人猜拳，按猜拳胜出的顺序决定击球的顺序，然后按照击球顺序排列，围成一个圈。

❸ 1号参与游戏者将气球高高抛起，再向 2 号参与游戏者的方向击出，同时报数："1。"

2, 3。

4。

④ 2号参与游戏者可以自由移动，用身体任意部位碰触2~3次气球，将气球向3号参与游戏者方向击出，每碰一次气球，都要报一个数。以此类推，让气球在参与游戏者之间传递，不能落地。

⑤ 如果气球中途落地，就重新开始游戏，从头报数。如果能够坚持到事前商定的数字，则游戏成功。

注意事项

❶ 不能用氢气球。

❷ 注意安全，游戏场地里不能有尖锐物品，杂物越少越好。

❸ 这个游戏也适用于多子女家庭，所有孩子可以一起玩。

11. 吹球大赛

6~12岁

这是个爸爸妈妈和孩子一起用吹气的方式控制乒乓球前进的游戏。6~12 岁的孩子在自我评价低下、情绪低落的时候可以玩一玩这个游戏，能够帮助孩子重获对事物的掌控感，增强自信。

游戏准备

① **游戏重点：** 让孩子用吹气的方式控制乒乓球的运动轨迹。

② **游戏场地：** 室内。

③ **道具：** 两个乒乓球、一张大桌子、两张 A4 的卡纸。

怎么玩

① 把两张卡纸分别折成 "╱‾‾╲" 的形状，摆在桌子的同一端，间距至少 15 厘米，作为两个球门。两个乒乓球放在桌子的另一端。

15 厘米

❷ 参与游戏的两个人每人负责一个乒乓球，利用吹气的方式让乒乓球从桌子一端滚到桌子另一端自己的球门里。

❸ 先进球的一方获胜。

注意事项

❶ 每个人只能吹自己的球，不可以去干扰对方的球。

❷ 多子女家庭也可以让孩子们自己玩。

12. 我喜欢你

6~12岁

这个游戏是让全家人去发现别人的闪光点，并直接表达出来，适用于孩子年龄在 6~12 岁的家庭。在日常全家人聚会的时候可以玩一玩这个游戏，能够帮助孩子在家人的肯定中逐渐找回自信，也能够增进家人之间的亲密关系。

游戏准备

❶ 游戏重点：全家人各自说出喜欢对方的哪一点。

❷ 游戏场地：室内。

❸ 道具：无。

怎么玩

❶ 全家人围坐成一圈。

❷ 集体猜拳，最后胜出的人任选一位家人，赞美他的某一个优点，参考如下。

哥哥踢球特别厉害。

妈妈做的所有饭菜都超级美味。

爸爸会给我做各种玩具。

…………

妈妈做的所有饭菜都超级美味。

❸ 说完以后重新猜拳，进行下一轮游戏。

注意事项

❶ 只能赞美家人的优点，不可以指出缺点，也不可以反驳别人的看法。

❷ 全家人一起玩的时候效果最好。可以鼓励孩子参与，但不能勉强。

13. 画奖章

6~12岁

这个游戏是让孩子根据奖章中的提示写出或者画出让自己感到自豪的行为或事件，适合让 6~12 岁的孩子在情绪低落、觉得自己什么都做不好的时候玩一玩，能够帮助孩子强化自己优良的社会性成就，提升自信。

游戏准备

❶ 游戏重点：让孩子写出或者画出让自己感到自豪的行为或事件。

❷ 游戏场地：室内。

❸ 道具：绘图纸、彩色笔。

怎么玩

❶ 爸爸妈妈在绘图纸上画出或打印出直径 8~10 厘米的奖章若干，将奖章剪下来，并在每个奖章里面注明一项地点、对象或时间。地点、对象、时间的内容可从如下表格中选取，爸爸妈妈也可自行填写其他内容。

项目	内容		
地点	在学校	在家里	在超市
对象	和爸爸	和妈妈	和哥哥 / 姐姐 / 弟弟 / 妹妹
时间	昨天	今天	明天

❷ 让孩子在奖章里写出或者画出令自己感到自豪的行为或事件。例如：得到了老师或同学的表扬，读完了一本新书，得到了运动会或是某比赛的奖状等。

❸ 把制作好的奖章按照孩子的意愿贴在墙上或是收起来。

注意事项

❶ 在玩这个游戏之前，可以在孩子情绪好的时候让孩子设计好奖章的样式，再打印出若干，将奖章剪下来备用。每次玩这个游戏时由爸爸妈妈临时填写内容。

❷ 每次只画或写 3~5 个奖章，不能太多。

❸ 独生子女可以把奖章贴在墙上。多子女家庭要注意一次只能让一个孩子做，并且完成的奖章要收好，不能让其他孩子看见，以免造成孩子之间的攀比和竞争。

❹ 孩子不管写或画了什么行为或事件，爸爸妈妈都不能指责和批评。

14. 最坏与最好

8~12岁

这个游戏适合 8~12 岁的孩子。孩子在陷入抑郁情绪当中时，往往只能看到或是相信事情不好的一面，越想越加剧负面情绪的积累。这时，爸爸妈妈利用玩偶与孩子讨论事情的好处与坏处，能够帮助孩子在承认事情不好的一面时，也能看到积极的一面，让孩子的认知更客观、更有弹性。

游戏准备

❶ 游戏重点：爸爸妈妈利用玩偶和孩子讨论事情的好处与坏处。

❷ 游戏场地：室内。

❸ 道具：孩子最喜欢的一个绒布类或是毛绒类玩偶。

怎么玩

❶ 让孩子抱着玩偶，和爸爸妈妈面对面，双方都选个舒服的椅子或沙发坐下。

❷ 爸爸妈妈按下列问题依次引导孩子思考、回答。

说一个你心里不好的想法。

（1）说一个你心里不好的想法。

（2）有哪些证据支持这个想法？

（3）有哪些证据可以反对这个想法？

（4）最坏会发生什么？

（5）如果发生了，你会如何应对？

（6）如果你相信这个想法，对你会有什么影响？

（7）如果你改变了想法，对你会有什么影响？

（8）最好的结果是什么？

❸ 让孩子看着手中的玩偶，爸爸妈妈继续引导："现在，×××（玩偶的名字）就是这个最好的结果，它会对你说什么？"

注意事项

❶ 在没有玩偶时也可以玩这个游戏，省略"怎么玩"部分的步骤 ❸ 即可。

❷ 当大孩子不愿意和爸爸妈妈一起讨论时，爸爸妈妈可以把"怎么玩"部分的步骤 ❷ 的问题打印出来，让孩子自己对着问题思考答案。

❸ 在玩这个游戏时，除了爸爸妈妈和孩子之外的其他人不能在场。

15. 美好时光机 6~12岁

当孩子压力很大、情绪很低落的时候，玩一玩这个游戏，让孩子想象一个曾经经历过的美好场景，重温取得成功后的感觉，能够帮助孩子的内心再次充满力量。这个游戏适用于 6~12 岁的孩子。

游戏准备

❶ 游戏重点：让孩子想象一个曾经经历过的美好场景。

❷ 游戏场地：室内。

❸ 道具：无。

怎么玩

❶ 请孩子闭上眼睛，爸爸妈妈带着孩子一起缓慢地做三次深呼吸。

吸气，呼气。

❷ 爸爸妈妈按以下环节依次引导孩子想象。

（1）现在，让我们坐上美好时光机，回到一个以前你特别棒地完成了某件事的场景。（让孩子想象 1~2 分钟）

（2）想象一下，现在你又回到了那个场景里。请你仔细看一看、听一听现场的情况，详细描述事情发生的经过。

（3）说说看，当时取得了成功后，你有什么样的感受？

❸ 孩子描述完成后，爸爸妈妈告诉孩子，以后无论什么时间、什么地点，只要孩子感到了压力，都可以通过这个游戏再次唤醒这种美好的感受。

注意事项

❶ 当孩子中断描述时，爸爸妈妈可以用"然后呢？接下来呢？还看到了什么？"这类问题引导孩子尽可能详细、具体地描述下去。但不可加以评价或表扬，更不能批评。

❷ 如果是多子女家庭，爸爸妈妈一次只能带一个孩子玩，其余的孩子不可在游戏的房间里。

16. 梦幻水晶球

这个游戏是让孩子想象未来美好、积极的情境，适用于 6~12 岁的孩子。在他们对即将发生的各类重大事件（如考试、升学、搬家、比赛等）信心不足，思维陷入死胡同或停滞不前时，这个游戏能够帮助他们提升自我效能感，激发解决问题的能力。

游戏准备

1. **游戏重点**：让孩子想象未来美好、积极的情境。
2. **游戏场地**：室内。
3. **道具**：一个无色透明的水晶（或其他材质）球、一根筷子。

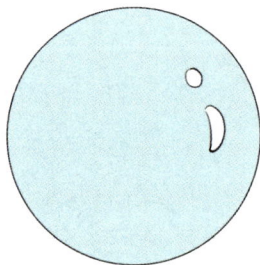

怎么玩

1. 在第一次玩这个游戏时，爸爸妈妈告诉孩子这个梦幻水晶球可以帮助人们看一眼未来的场景。如果对水晶球施"万事大吉"的魔法，就能让孩子看到的这个未来的场景实现。以后每一次玩可以直接从步骤 **2** 开始。
2. 爸爸妈妈和孩子面对面坐下，把水晶球摆在中间。

爸爸妈妈和孩子一起许愿，参考如下。

水晶球啊水晶球，让我们看一看以后（孩子感到压力的事件结束后的时间。例如：公布比赛成绩的那天晚上）的场景吧。

3 让孩子说一说从水晶球里看到发生了什么事是自己所希望的（与孩子感到压力的事件相关）。

4 让孩子拿着一根筷子，指着水晶球大叫一声："万事大吉！"

⑤ 让孩子说一说，要想让自己的梦想成真，他会做些什么，他需要爸爸妈妈做些什么。

⑥ 爸爸妈妈对孩子在步骤 ⑤ 里提到的需求做出回应，然后表示相信事情一定会按照孩子的希望发展。

注意事项

❶ 对于孩子的正常需求，爸爸妈妈请尽力满足；对于无法满足的需求，爸爸妈妈需诚实告知孩子原因，并提供替代方案。

❷ 如果孩子的需求过于不切实际，爸爸妈妈可告知孩子实际情况，但不可批评、嘲笑孩子天马行空的想象，直接拒绝即可。

❸ 如果是多子女家庭，爸爸妈妈一次只能带一个孩子玩，其余的孩子不可在游戏的房间里。

第七章

好好告别吧
——关于"哀伤和思念"的游戏

Chapter 07

　　生而为人，直面各种"丧失"是必须要习得的功课。无论是成年人还是孩子，面对突发的灾难与"丧失"，所有人都会无可避免地处在震惊与恐惧中。每个经历了"丧失"的孩子都需要被帮助，成年人也一样。本章的游戏通常用在孩子面临转学、搬家、父母离异、宠物或亲人离世、战争、自然灾害等事件的时候，旨在帮助孩子正确处理自己的痛苦与悲伤，从危机中学会成长。它们不仅对孩子有效，对成年人也一样。

钟钟上一年级后不久，遭遇了父母离异。妈妈离开家后，钟钟跟着爸爸生活，渐渐变得阴郁和邋遢，成绩一落千丈。我把孩子的变化告知他妈妈后，他妈妈每个周末都去给孩子辅导功课，给孩子换洗衣物，孩子的情况慢慢得以改善。钟钟上二年级的某日，我突然接到了他爸爸的电话，说钟钟妈妈病危，想见孩子一面。我赶紧去班里接上孩子，着急忙慌地赶往医院。在去医院的途中，钟钟问我要去哪里，去做什么，我没敢告诉孩子实情，只说是他妈妈找他有事。到了医院，钟钟妈妈已经被推进了手术室抢救。钟钟看着紧闭的手术室大门，死死拽住我的手。很快，医生出来告知了噩耗，钟钟妈妈终究还是没能见到孩子最后一面。此时的钟钟一动不动，一声不吭，安静得可怕。他漠然地看着面前两个抱头哭作一团的大男人——生父与继父，一滴眼泪都没有，许久，钟钟才转头轻轻问我："妈妈是到天上去了吗？"那一刻，我泪如雨下，抱着孩子久久不敢松手。

这是十几年前发生的事。前些天，结束了高考的钟钟和其他学生一起回母校来看我，这一幕再度浮现在我脑海里。我和钟钟聊起过往，他说他也一直清晰地记得所有场景，还记得他当时脑子里一片空白，整个人麻木了，不觉得难过，也哭不出来，就觉得心里突然变得空荡荡的，好像什么都无所谓、不重要了。在后续很长的时间里，他都很讨厌同学们在他面前提起和妈妈有关的任何事情，经常会为此和同学打架。大约有四年的时间，他无心学习，也无心参加任何集体活动，既难喜，也无悲，自觉变得没心没肺，像是行尸走肉。直到上了初中，他遇到了喜欢的女孩，才能够重新体会到各种情绪，心里的空洞也被填补起来，但是整个人的性格和人生观已经有了很大的改变。

　　钟钟的描述让我想起了自己在接到父母离世的电话时的感受，和他如出一辙。不同的只是我的恢复时间比孩子更短，对生活和性格的影响没有那么严重。

　　除了亲人离世，各种自然灾害造成的经济损失，例如房屋倒塌等，也是一种"丧失"。生而为人，直面各种"丧失"是必须要习得的功课。大多数人会认为突发的灾难性事件是反常性事件，发生概率很低，会不自觉淡化其发生的可能性。等到事件发生时，惯常的"冷静"就很容易被打破，人的认知与行为也会变得极度紊乱。无论成年人还是孩子，面对突发的灾难与"丧失"，所有人都会无可避免地处在震惊与恐惧中。很多时候，成年人不仅需要正确处理自己的情绪，还需要在极度缺乏准备和训练的情况下来帮助年幼的孩子正确处理危机与痛苦。这很难，但非常重要。如果处理得当，"丧失"能得到充分的哀悼与承认，就能给孩子带来积极的成长。如果处理不当，孩子则容易长时间处于危机和痛苦当中，甚至产生创伤后应激障碍（PTSD）。每个经历了"丧失"的孩子都需要被帮助，成年人也一样。在 2008 年汶川地震时，需要大量的心理工作者奔赴一线，对灾后幸存的成年人与孩子进行心理辅导，就是这个道理。

　　本章的游戏通常用在孩子面临转学、搬家、父母离异、宠物或亲人离世、战争、自然灾害等事件的时候，旨在帮助孩子正确处理自己的痛苦与悲伤，从危机中学会成长。我们很难确定孩子会在什么时候从痛苦中康复，但这些游戏可以帮助孩子更快地恢复心理健康。这些游戏曾经帮助过我自己，让我能够尽快走出父母逝去的阴影。它们不仅对孩子有效，对成年人也一样。因此，这一章的游戏没有对年龄的划分，适用于所有的孩子与成年人。出于私心，我希望所有的孩子都用不上这一章的游戏。但是孩子如果不幸遭遇"丧失"，我希望这些曾经帮助过我的游戏也能够帮到他们。

　　需要提醒爸爸妈妈注意的是，本章所有的游戏都不是宣扬快乐的游戏，需要郑重其事地进行，不可草率。尤其对于心思细腻敏感的孩子而言，仪式感非常重要。如果孩子在玩游戏的过程中难过、哭泣，都是正常的情绪表达。这时候说"别难过""哭是没有用的，要振作起来"这一类劝慰的话语效用并不大，反而"牵着孩子的手""给孩子一个长时间的拥抱"这样的肢体语言会更容易起到积极的作用。这些游戏能够给孩子提供宣泄情绪、修复安全感等帮助，但不可能立竿见影，不能要求孩子立刻就要从痛苦、难过的状态转变成欢喜、开心的状态。

1. 抱一抱时间

　　这个游戏是一个让全家人定时拥抱的活动。在孩子最软弱无力的时候，亲人的拥抱是最好的慰藉。

游戏准备

❶ 游戏重点：全家人定时拥抱。

❷ 游戏场地：室内。

❸ 道具：无。

怎么玩

❶ 全家人一起商量，选定一个 1~3 分钟的固定时段作为"抱一抱时间"，例如每天晚上上床睡觉时。

❷ 每天到了这个时间点，全家人一起紧紧拥抱。

❸ 全家人抱在一起的时候，由最年长的成员开始，到最小的成员结束，每个人说一遍："今天的抱一抱时间，我们还在一起，真好。"

❹ 所有的人都说完后，游戏结束。

注意
事项

❶ 这个游戏需要每天坚持。

❷ 如果爸爸妈妈不在身边，其他的亲人、朋友和孩子一起做也可以。

❸ 可以用玩偶代替临时不在场的人。

2. 力量之源

　　这个游戏需要孩子选择某种物品来代表坚强、勇敢、乐观等品质，然后随身携带。这些物品从被选择的一刻起，就会被孩子倾注感情，会在多重层面上帮助孩子传递意义，对于经历了"丧失"、变得惶恐惊慌的孩子有很好的帮助，也可以用于孩子生病住院的时候，或爸爸妈妈无法每天陪伴、需要孩子独自在家的时候。

游戏准备

❶ 游戏重点：选择或设计制作一件小物品，赋予它特殊的意义，然后让孩子随身携带。

❷ 游戏场地：不限。

❸ 道具：用来作为"护身符"的小物品。

怎么玩

❶ 让孩子选择一个现成的小物品，或是自己任选材料设计、制作一个小物品作为"护身符"，用来代表他希望自己具有的品质（例如乐观、坚强、勇敢等）。

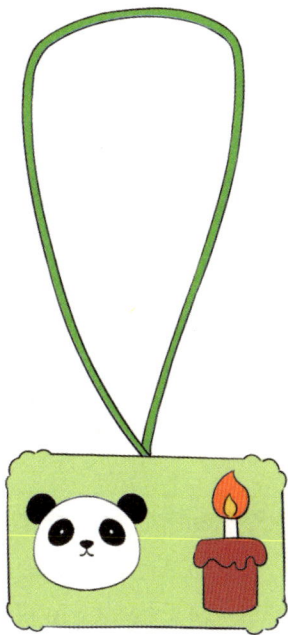

❷ 让孩子每天不管去什么地方，都随身携带这个"护身符"。

❸ 过一段时间后，如果孩子觉得自己已经拥有了这些品质，就不用再每天携带这个"护身符"了，可以将它放在家里某个特殊的地方。

❹ 如果孩子遇到某种特殊场合，特别需要这些品质，可以再次携带"护身符"一起去。

注意事项 如果孩子是与爸爸妈妈之间产生了"分离"或"丧失"，可以选择一些带有纪念意义的物品来作为力量之源，例如带有妈妈气味的围巾、爸爸送的生日礼物等。

3. 告别仪式

这个游戏是让孩子像庆祝生日、节日一样来对待"丧失"事件，用一段较长的时间来精心准备纪念物品，然后举行一个告别仪式，帮助孩子充分地哀悼或告别某种关系。

游戏准备

① **游戏重点**：准备纪念物品，举行正式的告别仪式。

② **游戏场地**：安静的地方。

③ **道具**：照片，有纪念意义的物品，用于装饰场景的物品、花束、气球等。

怎么玩

① 经历"丧失"事件后，全家人一起召开一次家庭会议，讨论举办告别仪式的各项细节，包括但不限于以下内容。

　　一个月以后举行告别仪式的具体时间和场地。

　　装饰的物品。

　　每个人的分工。

　　每个人要准备的纪念物品。

　　…………

② 所有成员在一个月的时间里，完成自己的分内工作，准备纪念物品。

③ 每个人为想要告别的人或物写一封信。

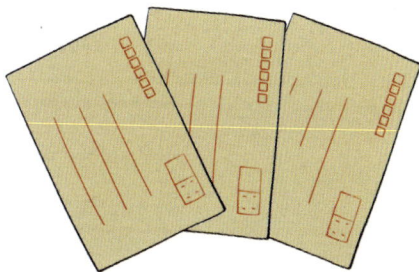

④ 每周的家庭会议上，全家人一起讨论举行告别仪式对每个人的意义和各自的准备情况。

⑤ 在举行告别仪式的当天，全家人一起按照以下环节举行告别仪式。

（1）每个人轮流向其他人展示自己准备的纪念物品，并讲述关于这个纪念物品的故事。

（2）每个人读自己写的信。

（3）将所有的纪念物品和信件放在一起，或烧掉，或掩埋，或保存在一个专门用于纪念的地方。

注意事项

❶ 无论是爸爸妈妈还是孩子，在告别仪式上讲述故事或读信时，都容易出现情绪失控的现象，这是正常的。其他人不可打断或干涉，安静等待或轻轻拥抱情绪失控的人，等待他慢慢平静下来，继续完成仪式即可。

❷ 如果选择烧掉或掩埋纪念物品，需注意选择适当的区域并安全用火，注意环境保护。

4. 拼贴画

这个游戏是让全家人一起制作一幅与需要告别的对象有关的拼贴画，并讲述画中每个部分描述的故事，可以单独玩，也可以和"告别仪式"游戏相结合，将制作好的拼贴画作为告别仪式上用到的纪念物品。

游戏准备

① 游戏重点：全家人一起制作拼贴画，并讲述画中描述的故事。

② 游戏场地：室内。

③ 道具：各种制作拼贴画的材料，例如剪刀、手工黏土、彩纸、尺子等。

怎么玩

① 全家人一起商定拼贴画的主题、需要的材料、共同制作拼贴画的时间和每个人的分工。

② 在商定的时间里，全家人各自准备好自己需要的材料。

③ 在商定的共同制作拼贴画的那天，全家人坐在一起，共同完成拼贴画。每贴上去一种物品，贴的人都需要告诉其他人这代表什么。

④ 完成拼贴画以后，每个人讲述自己眼中这幅画描述的故事。

⑤ 将制作好的拼贴画装在画框里，挂起来。

注意事项

❶ 每个人需要用什么材料由自己决定，不需要集体商定。

❷ 在最后讲故事的环节，除了参与制作拼贴画的人需要都在场之外，有其他的亲人、朋友在场也可以。

❸ 如果讲述的人对拼贴画上的物品和内容的理解与贴的人的理解不同，没有关系，贴的人不要打断和纠正。

5. 家庭纪念台

这个游戏通常用于遭受了自然灾害、战争或其他重大突发事件的家庭，利用照片作为重要的辅助工具，提供了一个可以讲述痛苦、悲伤等感受的地方，让家庭中不同成员的苦难和经历都可以被表达和倾听。

游戏准备

① 游戏重点：对着照片讲述自己的经历。

② 游戏场地：室内。

③ 道具：全家福照片、家庭重要阶段的照片（如财产损失、搬家、失业、车祸、遭遇自然灾害等重大突发事件）、爸爸妈妈的结婚照片、鲜花。

怎么玩

① 在家里选择一个固定的地点，摆上一张全家福照片，当作"家庭纪念台"。

② 每周一次，全家人一起坐在全家福照片前，并摆上鲜花。

③ 爸爸妈妈在全家福照片旁边另摆上一张家庭重要阶段的照片，向孩子讲述照片拍摄时间段家庭遇到的苦难和目前遇到的困境。

④ 换上一张时间更近一点的家庭照片，爸爸妈妈向孩子讲述那个时间段的经历。

⑤ 爸爸妈妈全部讲完后，换上一张爸爸妈妈的结婚照片，让孩子讲他遭遇的困境和痛苦。

注意事项

❶ 无论是谁在讲述，其他的人都只需要坐在旁边倾听，不需要给出任何意见和建议，更不可以责备或抱怨。

❷ 比起直接对着人讲，对着照片说话会更容易些，所以在这个游戏中，照片是很重要的辅助工具，不可以省略。

6. 小精灵的观察

　　这个游戏需要爸爸妈妈引导孩子幻想自己像小精灵一样，从高空俯视自己的经历。在孩子遭遇到重大的"丧失"事件时，这个游戏能够帮助孩子与沉重的经历分离并且保持一定距离。

游戏准备

❶ 游戏重点：从旁人的角度观察自己的经历。

❷ 游戏场地：室内。

❸ 道具：无。

怎么玩

❶ 爸爸妈妈和孩子坐在一起，商量好对某个事件进行一次幻想旅行。

❷ 让孩子闭上眼睛，缓慢地深呼吸三次。

❸ 用以下语言引导孩子。

现在，你变成了一只长翅膀的小精灵，慢慢地从身体里钻了出来。

轻轻扇一扇翅膀，看，你的双脚离开了地面，你飞起来了。

你从家里的窗户飞出去了，越飞越高，飞到了很高的地方（例如山顶、房顶、飞机上等）。

你向下看，看见你的窗口了吗？看见你自己了吗？

你仔细看看，你现在是什么情况？

❹ 等孩子描述完后，爸爸妈妈引导孩子从小精灵的角度观察和描述自己的表情、动作，并解释正在进行的活动的含义。

看看你现在是什么表情。

你在做什么？你是怎么做的？为什么要这么做？

做完了吗？现在再看看，做完以后你的表情和刚才比有什么变化？

5 孩子观察、描述完成后，爸爸妈妈用以下语言引导孩子结束小精灵的观察，
飞回自己的身体里。

现在，你从山顶／房顶／飞机上（步骤 **3** 里说的地方）向着你的窗口慢
慢飞了过去。越飞越近，越飞越近……

你从窗口飞回了房间里，看到了你的床、你的书桌、你的……（任意选
择孩子房间里的陈设物）

你看见自己了吗？慢慢飞到你的背后，轻轻往里面一扑。

睁开眼睛吧，现在，你又回到了自己的身体里。

6 让孩子说一说他现在对自己的经历和看法有怎样的变化。

注意事项

1 这个游戏需要让孩子全程闭上双眼。如果孩子睁开眼睛了，需要
先结束游戏，让孩子再次闭上双眼，从头再来。如果孩子不想
玩，一定不能勉强。

2 在引导孩子讲述时，爸爸妈妈的语气请尽量轻柔、温和。

3 孩子在进行到"怎么玩"部分的步骤 **6** 、描述自己的经历和看法
时，如果爸爸妈妈不赞成孩子的想法，不可以纠正和批评，保持
认真倾听，偶尔引导孩子继续往下说就可以了。

7. 放飞气球

这个游戏要让孩子把哀伤与思念写在气球上面，并放飞气球。与"小精灵的观察"游戏类似，这也是帮助孩子与沉重的经历分离的游戏。

游戏准备

① 游戏重点：让孩子写下哀伤与思念，并放飞气球。

② 游戏场地：空旷的户外。

③ 道具：一支马克笔、氦气球若干、细绳若干、一把剪刀。

怎么玩

① 让孩子用马克笔在氦气球上写下自己对某个人或物的哀伤与思念，例如："×××，我很想你。"

② 将每一个氦气球用一根细绳拴在户外的某根树枝上，或由爸爸妈妈拿在手里。

❸ 让孩子拿着剪刀，一根一根剪断氦气球的绳子。每剪断一根，说一句自己想说的话。

❹ 等剪断所有的绳子、气球飞走后，让孩子一直看着气球升高，直到看不见气球。

❺ 让孩子说说放飞气球以后他的感受和想法。

注意事项

❶ 如果孩子想说的话很多，可以多准备几个气球，或是一个气球上多绑几根绳子，帮助孩子把话说完。

❷ 不管孩子说什么，爸爸妈妈可以说"知道了，我知道你觉得……（重复孩子的话）"来回应，无须做出评价。

❸ 多子女的家庭可以让愿意参加的孩子一起玩。

8. 梦想罐

这个游戏适用于孩子年龄在 3 岁以上的家庭，在遭遇重大创伤事件或是自然灾害的家庭与孩子中经常被使用，能够帮助孩子和爸爸妈妈在集体完成一个作品时加强彼此的联结，体会到彼此的爱与鼓舞，重拾对未来的憧憬与希望。

游戏准备

❶ 游戏重点：集体创作一个梦想罐，并且把对未来的积极愿望与美好梦想放在里面。

❷ 游戏场地：不限。

❸ 道具：一个有盖子的较大的容器，材质不限（大的矿泉水桶、饼干盒子、陶罐等），各种用于装饰梦想罐的材料（彩色笔、绘画纸等）。

怎么玩

❶ 全家人一起给用作梦想罐的容器涂色，并用各种材料装饰它，再写上"梦想罐"三个字。

❷ 每个人把自己对未来的积极愿望和美好梦想写或画在纸上。

❸ 安排一个小小的仪式，每个人把自己写好或画好的纸郑重其事地放进梦想罐里。爸爸妈妈可以先引导孩子回忆以前有没有遇到过类似问题，提示孩子可以把成功经验用于实现梦想，再让孩子把写好或画好的纸放进梦想罐里。

4 全家人每周在一个固定时间进行开罐仪式。如果有人的梦想和愿望已达成，就自己从梦想罐里把有关这个梦想和愿望的纸拿出来；如果有人有新的梦想，就放进去。

我的梦想成真啦！

注意事项

1 低龄的孩子用绘画来表述想法，文字表达能力较强的孩子可以图文结合，或用纯文字来表述。

2 如果孩子的不安全感较重，可以让孩子想象一个安全的地方并画出来，再解释自己画的内容。

3 梦想罐摆放的位置可以根据孩子的情况来调整，例如：孩子做噩梦，爸爸妈妈就可以画一个关于好梦的愿望放在梦想罐里，把画上的内容讲给孩子听，然后把梦想罐放到孩子的床底下。